1

Herstellung und Verlag:

BoD – Books on Demand, Norderstedt

Bibliografische Information der Deutschen Nationalbibliothek
Die Deutsche Nationalbibliothek verzeichnet diese Publikation in
der Deutschen Nationalbibliografie; detaillierte bibliografische
Daten sind im Internet über http://dnb.d-nb.de abrufbar.

ISBN: 978-3-7528-3328-7

JÖRG SPITZER

ANTHOLOGIE DES BÖSEN

JÖRG SPITZER

Anthologie des Bösen

ausgewählte Texte und Materialien über Serienkiller, Mörder und das Böse im Menschen schlechthin.

Das Böse ist des Menschen beste Kraft

(Friedrich Nietzsche)

Anmerkung des Verfassers
Dieses Buch enthält aufgrund der sehr komplexen Thematik.........
zahlreiche *aktuelle Berichte und Statements aus der neuen Forschung und Untersuchungsergebnisse der verschiedensten Art.*
*...Es ist praktisch als komplementäre Ausgabe zu meinem Buch **Tödliche Natur-Die Illusion vom bösen Serienmörder** zu verstehen.*
Mit den entsprechenden Quellenangaben kann der Leser dann auch in eigener Verantwortung seine Meinung bilden und sich einen Überblick verschaffen. Denn was momentan von einigen Autoren zu diesem Forschungsgegenstand des multiziden Tötens teilweise publiziert wird, ist, mit Verlaub ausgedrückt ein Sammelsurium allgemeiner wenig aussagender Theorien. Um das Ganze zu kaschieren werden recht dubiose Interviews mit inhaftierten Straftätern geführt die dann die wahre Ursache eruieren sollen.
Es ist dann hier so wie in der Psychologie. Unter fast klinischen Bedingungen werden einzelne Begebenheiten ohne Berücksichtigung des Gesamtkontextes in einem vielleicht 60,-minütigen Interview erörtert um dann vollmundig seine (die des Interviewers) eigenen Schlussfolgerungen darzustellen.
Eine wenig verlässliche und höchst subjektive Maßnahme.
Man sollte sich etwas mehr Mühe geben bei der Recherche und weniger auf Hollywoodeffekte spekulieren.

I.

Robert K. Ressler, Ex-FBI-Experte und Erfinder des Täterprofils, über den Umgang mit Serienmördern, Irrtümer, Gott und den Teufel.

profil: *Ich würde Ihnen gern in die Augen sehen.*

Ressler: *Warum? Weil ich so vielen wahnsinnigen Menschen in die Augen gesehen habe?*

profil: *Ja. Ich möchte wissen, welche Spuren das bei Ihnen hinterlassen hat. Hat Ihr Job Sie milde werden lassen oder vorsichtig, zynisch, kalt?*

Ressler: *Ich weiß, dass die große Mehrheit der Menschen nicht die Probleme der Leute hat, auf die ich mich spezialisiert habe. Gleichzeitig bin ich anfangs bei jedem ein wenig vorsichtig, bis ich festgestellt habe, dass da keine abnormen Antriebe sind.*

profil: *Sie haben sich über Jahrzehnte mit den Rändern der menschlichen Natur beschäftigt. Kann man da noch mit Begriffen wie Handlungsmotiv operieren?*

Ressler: *Normale Standards gelten in diesem Bereich nicht. Man muss über die Handlung hinaussehen und die Verhaltensmuster ergründen. Zu verstehen, warum jemand vergewaltigt, foltert, tötet, die Leiche ausweidet, das Fleisch isst, das Blut trinkt, geht weit über normale Kriminalität hinaus. Viele der Serienmörder können selbst nicht verstehen, warum sie solche Taten begehen.*

profil: *Kann man da noch von einem Beweggrund sprechen?*

Ressler: *Es ist eher ein Impuls, der die Handlung und zugleich ein emotionales Hoch beim Täter auslöst. Dann lässt der psychische Druck nach, und die Person denkt, ich sollte das nicht tun, ich weiß, dass es falsch ist, aber ich weiß auch, dass ich es wieder tun werde. Der Serienmörder William Heirens schrieb mit dem Lippenstift seines Opfers an die Wand: Um Gottes willen fangt mich, bevor ich noch mehr töte. Ich kann mich nicht kontrollieren! Logischerweise müsste er sich stellen. Aber so jemand kann das nicht. Er vereint in seiner Psyche zwei Ebenen, eine gewalttätige und eine, die bei Sinnen ist.*

profil: *Hat das mit krimineller Energie zu tun, oder handelt es sich um etwas gänzlich anderes?*

Ressler: *Wenn der Zwang unkontrollierbar wird, überwältigt er alles andere. Ich kann ihnen ein gutes Beispiel geben: Jeffrey Dahmer, der junge Mann aus Milwaukee, der 18 Leute tötete und ihre Leichen ausschlachtete. Er arbeitete in einer Schokoladenfabrik, und solange er arbeitete und sein Drang nicht zu stark war, führte er ein Leben abseits seiner abnormen Gedanken. Wenn seine Fantasie die Oberhand gewann, dachte er konstant an den nächsten Mord, an das nächste Opfer, an die Dinge, die er mit ihnen tun wollte. Er baute einen Schrein aus menschlichen Knochen, er wollte in eine okkulte Welt eintauchen, wo er Autorität, Reichtum und sexuelle Befriedigung mit einer anderen Person finden würde.*

profil: *Wieso werden solche Täter nicht für unzurechnungsfähig erklärt?*

Ressler: *Die Definition von Unzurechnungsfähigkeit ist schwierig. Richard Trenton Chase etwa, der Vampir-Killer, der das Blut seiner Opfer trank, weil er in dem Wahn lebte, sein eigenes Blut würde vertrocknen, war meiner Ansicht nach eindeutig psychisch krank. Die Gerichte jedoch haben ungeheure Angst davor, dass ein solcher Täter wieder zurück in die Gesellschaft kommen könnte, wenn er als geistig unzurechnungsfähig in eine Anstalt eingewiesen wird. Ein Arzt könnte ihn irgendwann als geheilt entlassen. Außerdem wird Serienmördern oft vorgehalten, sie hätten kalkuliert gehandelt.*

profil: *Mit dem Argument, dass sie scheinbar präzise vorgehen.*

Ressler: *Genau. Gegen Jeffrey Dahmer brachte der Staatsanwalt vor, dass er eine Sicherheitsanlage in seiner Wohnung anbringen hatte lassen, die einen Alarm auslöste, wenn man eindrang. Das wurde als Vorsichtsmaßnahme Dahmers interpretiert, um nicht erwischt zu werden. Tatsächlich wollte Dahmer seine Schätze die Leichenteile sichern.*

profil: *Empfinden Serienmörder Schuld?*

Ressler: *So genannte desorganisierte psychisch kranke, psychotische Täter sind jenseits eines Schuldverständnisses. Der sexuelle Psychopath hingegen versteht das Gesetz, er glaubt aber, darüber zu stehen, das Gesetz bedeutet ihm nichts.*

profil: *Viele Serienmörder werden zum Tod verurteilt. Wie kann man jemanden, der kein Konzept von Gesetz und Schuld hat, töten?*

Ressler: Ich stimme Ihnen zu. Ich bin gegen die Todesstrafe. Sie ist zu teuer. Die zum Tod Verurteilten gehen in Berufungen, die zehn Jahre dauern oder länger. Das kostet etwa eine Million Dollar pro Jahr.

profil: Ist das der Hauptgrund?

Ressler: Ein anderer Grund ist, dass ich kriminalistischen Erfolg hatte, weil ich Serienmörder in Gefängnissen interviewen und analysieren konnte. Tote kann man nicht studieren. Außerdem habe ich als Teil meiner Interviews den Serienmördern die Frage gestellt, ob die Todesstrafe sie abgeschreckt hätte, wenn es sie in ihrem Bundesstaat gegeben hätte. Die Antwort war immer: absolut nicht.

profil: In dem Roman *Brief an meinen Richter* von Georges Simenon schreibt der Verurteilte: Mein Richter, ein Mensch, ein einziger, soll mich verstehen, und ich möchte, dass Sie dieser Mensch sind. Wollten die Täter, die Sie interviewten, von Ihnen verstanden werden?

Ressler: Ich glaube ja. Wobei ihnen noch wichtiger war, dass ich ihnen dabei half, sich selbst zu verstehen.

profil: Gaben Sie ihnen das Gefühl, sie zu verstehen?

Ressler: Natürlich. Ich will sie ja verstehen. Wenn ich in ein Interview gehe, lasse ich mein psychologisches Gepäck draußen. Ich bin klinisch neutral. Ich habe keinen Hass, keine Gefühle, es ist mir egal. Ich höre zu, ich interagiere, ich lerne.

profil: Sie waren als Neunjähriger fasziniert von der Jagd auf den Mörder William Heirens. Jeffrey Dahmer begann als Bub, Insekten zu sezieren. Bei ihm führte es zur Katastrophe, bei Ihnen zu einer tollen Karriere. Wo war der Unterschied?

Ressler: In der Umgebung des Kindes. Ich konzentrierte mich auf die positiven Aspekte, wie man den Mörder fängt. Wäre mein Elternhaus nicht intakt gewesen und hätten mich meine Eltern geschlagen, hätte ich mich vielleicht eher für den Akt des Verbrechens interessiert. Jeder Verbrecher, mit dem ich es zu tun hatte, wies so etwas wie einen Wegweiser auf von den Ereignissen und Lebensumständen in der Kindheit bis zu den Taten des Erwachsenen.

profil: Aufmerksame Lehrer könnten die Welt von Serienmördern befreien?

Ressler: Ja. Polizisten können solche Verbrechen nicht verhindern. Auch nicht die Eltern, denn die sind Teil des Problems. Die Lehrer können beobachten und die Probleme erkennen, aber sie brauchen psychologische Unterstützung. Kindern muss geholfen werden, damit sie nicht aufwachsen wie Jeffrey Dahmer und Hunde töten und dann mit ihnen masturbieren.

profil: *Wie schaffen es manche Serienmörder, ihr Doppelleben jahrzehntelang vor ihrer Familie zu verbergen? Der vergangenen Februar gefasste Dennis Rader etwa, der legendäre BTK Bind Torture Kill (Fesseln, Foltern, Töten), lebte dreißig Jahre lang als Familienvater.*

Ressler: *Oft ist es so, dass die Leute, die den Verbrechern am nächsten standen, etwas ahnten, es aber nicht einmal sich selbst eingestehen wollten.*

profil: *Sie sind als Vater des Profiling selbst zum Objekt der Faszination geworden. Verfügen Sie über unerklärliche Fähigkeiten, oder ist es ein Job, den jeder lernen kann?*

Ressler: *Manche Leute sind bestimmt emotional nicht in der Lage, sich mit solchen Dingen zu befassen. Gleichzeitig glaube ich, dass viele Leute zu diesem Job ausgebildet werden können.*

profil: *Ist Profiling eine Kunst oder eine Wissenschaft?*

Ressler: *Es ist keine Wissenschaft. Die Unterhaltungsindustrie hat ein völlig verzerrtes Bild dieser Technik hervorgebracht. Profiling wurde als unfehlbares System dargestellt, mit dem jedes Verbrechen aufgeklärt werden kann. In der Realität ist das Profiling eine Hilfe, um die Nachforschungen zu einem logisch naheliegenderen Täter zu führen. Profiling ist eine Kunst, die auf Wissenschaft gründet, auf Psychologie, auf Regeln der Kriminologie.*

profil: *Soll ein Täterprofil vor Gericht als Beweis gelten?*

Ressler: *Nein. Nein, dazu ist es zu vage. Profiling ist spekulativ. Ein Täterprofil kann konkrete, forensische Beweise verstärken, aber nicht ersetzen.*

profil: *Profiler können sich irren. Sprechen wir doch über Ihre Irrtümer.*

Ressler: *Ich habe nie vollständiges Versagen erlebt, also etwa, dass ich komplett daneben gelegen wäre. Ein gutes Beispiel für einen Irrtum war* der Fall der Heckenschützen von Washington, John Allen Muhammad und Lee Boyd Malvo, die im Oktober 2002 zufällig ausgewählte Opfer mit einem Gewehr erschossen. Ich sagte vorher, dass es sich um zwei Individuen handeln müsse und dass ein erheblicher Altersunterschied bestünde, aber ich irrte mich, was die Hautfarbe der Täter betraf.

profil: Wie kamen Sie zu dem Schluss, dass es zwei waren?

Ressler: Einfach durch die Effizienz, mit der sie operierten. Bei der Anzahl von Schussattentaten mit einem langläufigen Gewehr hätte ein Einzeltäter gesehen werden müssen, wie er nach dem Schuss ins Auto springt und davonfährt. So aber schoss einer, und der andere fuhr sofort danach los.

profil: Bloße Logik also.

Ressler: Ja. Das war noch keine Verhaltensanalyse. Die Tatsache, dass die Täter Schwarze waren, wurde mir jedoch nicht klar, und ich glaube, ich hätte den Schluss anhand der vorliegenden Fakten auch nicht ziehen können.

profil: Wie kamen Sie auf die Vermutung, dass es Weiße seien?

Ressler: Es handelte sich vorwiegend um weiße Opfer, die Morde passierten in vorwiegend von Weißen bewohnten Gegenden. Es sah nicht nach einem schwarzen Verbrechen aus.

profil: Solche statistischen Überlegungen können nur eine Wahrscheinlichkeit ergeben. Wie hilfreich ist es für die Polizei, wenn man ihr sagt, es ist eher ein Weißer, es könnte aber auch ein schwarzer Täter sein?

Ressler: Diese Mordserie war eindeutig ein Fall für konventionelle Nachforschungen. Mit einem Auto durch die Gegend zu fahren und zu schießen da hat ein Profiler wenig Material für eine Tatortanalyse. Es gibt kaum Verhaltensaspekte. Im Gegensatz etwa zu einem Körper, der ausgezogen oder verstümmelt ist, bestimmte Stichwunden aufweist ... Aber ich habe damals auch kein Täterprofil für die Polizei erstellt, sondern lediglich Kommentare auf CNN abgegeben.

profil: Als Sie den Terminus des Profiling prägten, waren Serienmörder fast durchwegs weiße, allein stehende, arbeitslose Männer. Jetzt touren Sie zu Vorträgen um die Welt und berichten von afroamerikanischen,

14

lateinamerikanischen, asiatischen Tätern. Die alten Regeln gelten nicht mehr?

Ressler: *Genau. Die Datenbank wird immer größer. Man muss mit der Realität gehen. Ich fürchte, die Unterhaltungsmedien tragen zu dieser Entwicklung bei. Sie führen vor, wie ein Einzelner es mit der Gesellschaft aufnimmt, indem er zur Waffe greift und das Böse bekämpft. Wir wissen nicht, was Muhammad und Malvo antrieb. Aber die Fantastien werden von Büchern und Filmen genährt.*

profil: *Auch von Ihnen. Sie waren Berater für Das Schweigen der Lämmer.*

Ressler: *Ja. Und vor Jahren schrieb ein Serienmörder, der in London Homosexuelle tötete: Ich habe vier Männer getötet, ich muss mindestens fünf töten, denn laut Robert Resslers Definition braucht es mehr als vier, um ein Serienmörder zu werden. Was soll ich machen? Ich kann nicht auf das Buchcover schreiben: Nicht für Sexualattentäter.*

profil: *Gibt es ein bestimmtes Maß an Bösem in der Welt?*

Ressler: *Wir werden besser darin, es aufzuspüren. Ich glaube, dass es auch im Mittelalter Serienmörder gab, die aber nicht erkannt wurden, weil man keine Verbindung herstellte.*

profil: *Glauben Sie an Gott?*

Ressler: *Natürlich.*

profil: *In den Jahrzehnten Ihres Berufslebens, in denen Sie permanent mit dem Bösen zu tun hatten, sind Ihnen keine Zweifel gekommen?*

Ressler: *Ich glaube an Gott, ich glaube aber auch an den Teufel, an den Satan, an das Böse.*

profil: *Sie glauben an die Existenz eines Teufels?*

Ressler: *Natürlich. Viele Verbrechen können nicht mit normalen Standards erklärt werden.*

profil: *Gehört das nicht alles zur Natur des Menschen? Brauchen wir zur Erklärung die Existenz eines Teufels?*

Ressler: *Ich weiß nicht, ob man sie braucht. Aber es ist offensichtlich für mich, dass manche Leute Türen öffnen und in andere Welten gelangen. Ich habe eine Menge Okkultes gesehen. Man kann das nicht alles ignorieren.*

15

profil: *Leute erfinden solche übersinnlichen Existenzen. Kaufen Sie ihnen das ab?*

Ressler: *Gibt es mehr Beweise für Mohammed oder Jesus als für das Böse? Man kann nicht eines akzeptieren und das andere ignorieren. Geben wir es doch zu: Niemand weiß alles, ich auch nicht. Ich leugne nicht die Macht des Christus und des Anti-Christus.*

Interview: Robert Treichler https://www.profil.at/home/interview-ich-satan-109938 16.4.2005

II.

Serienmörder:

Ursachen und Entwicklung extremer Gewalt

Zusammenfassung

Serienmorde besitzen im Gegensatz zu einfachen Morden kein direkt erkennbares Motiv. Zudem sind sie oft geprägt von einer extremen Gewalttätigkeit und Perversion. Es wird versucht, die Motivation der Täter als eine extrem aggressive zu kennzeichnen, deren Ursachen in der jeweiligen Kindheit zu suchen sind, insbesondere in der mangelnden, nicht erfahrenen Bindung an die Eltern und damit verbundenen sehr frühen, selbstwertverletzenden Frustrationen. Die von vielen Serienmördern übereinstimmend geschilderten Erlebnisse werden aus der Sicht der Aggressionsmotivations-Theorie zu erklären versucht.

Summary

Unlike single murders, serial murders have no directly discernible motive. In addition, they are often characterized by extreme brutality and perversion. There are attempts to describe the criminal's motivation as extremely aggressive. The cause of this can be found in the person´s childhood and especially in a lack of attachement and as a result in frustrations harming selfesteem. We will try to explain the experiences described in a similar way by many serial killers from the perspective of the aggression-motivation theory.

Résumé

A la différence des simples meurtres, le motif des meurtres en série n'est pas directement identifiable. Ce pendant, les meurtres en série sont très souvent marqués d'une violence extrême et sont pervers. On tente de qualifier la motivation de celui qui commet le crime

17

d'extrêmement aggressive; pour expliquer cette
motivation il faut remouter à l'enface de chacun, il
faut rechercher les causes en particulier dans la manque
de lieus, d'attachements aux parents, ces lieus que
l'enfant n'a pas connus et dans les frustrations, nouves
à l'enfant lui-même, qui en découlent très tôt. On tente
d'expliquée les événements vécus, dont les descriptions
données par les meurtres en série bien souvent se
rejoignent, par le point de vue de la théorie de la
motivation de l'aggression.

---

*Wer mit Ungeheuern kämpft, mag zusehen, dass er nicht
dabei zum Ungeheuer wird. Und wenn du lange in einen
Abgrund blickst, blickt auch der Abgrund in dich hinein.
(Friedrich Nietzsche: Jenseits von Gut und Böse,
Aphorismus)*

Inhalt:

1 Extrem aggressive Motivation

Morde, die aus Eifersucht, im Affekt oder zur Verschleierung anderer Verbrechen geschehen, besitzen ein eindeutig identifizierbares Motiv. Die Täter sind in vielen Fällen im personalen privaten Nahbereich des Opfers zu suchen (WITTNEBEN, 1992; PORTER, 1983) und relativ schnell überführt (vgl. LEMPP, 1977). Wie verhält es sich aber bei Taten wie der folgenden?

Am Abend des 23. Januar 1978 wurde eine 21jährige Frau ermordet aufgefunden. Der Mörder hatte der Frau

sämtliche Kleider vom Leib gerissen und ihr den
Unterleib aufgeschlitzt. Von der Brust bis zum Nabel
klaffte eine riesige Messerwunde, einige innere Organe
waren herausgeschnitten worden. Manche
Körperbestandteile fehlten. Die linke Brust wies mehrere
Stichwunden auf. In den Mund hatte der Täter seinem
Opfer Tierkot gesteckt. Allem Anschein nach hatte er
Blut in einem Joghurtbecher aufgefangen und getrunken
(Ressler & Shachtman, 1993).

Erfahrungen des amerikanischen FBI [1] mit der Erstellung
von Täterprofilen haben gezeigt, dass es zur Klärung von
extremen Gewaltverbrechen wichtig sei, keine
festgelegten Kategorien (bsplw. "Psychopathen") zu
verwenden, sondern zu versuchen, die den Taten
zugrundeliegende Motivation des Täters zu erkennen
(RESSLER & SHACHTMAN, 1993). Dies bezieht sich
insbesondere auf "Serienmörder", d.h. Mörder, die
nacheinander an verschiedenen Orten Morde begehen im
Gegensatz zu "Massenmördern", bei denen es sich um Täter
handelt, die am gleichen Ort zur gleichen Zeit mehrere
Menschen töten, bsplw. während der NS-Zeit in den
Gaskammern der Konzentrationslager.

Häufige Motivationen bei Morden können Machtmotivation,
"Thrill-Erhöhung" (vgl. FÜLLGRABE,1983) oder der Wunsch,
das eigene Schicksal und die Umwelt unter Kontrolle zu
haben, sein. Dagegen steht aber die Annahme, dass
insbesondere im Fall von Sexualmorden[2], eine extrem
aggressive Motivation zugrundeliegt (FBI, 1985;
FÜLLGRABE, 1983, 1990).

Dies wird insbesondere bei sogenannten sadistischen
Tätern deutlich. Diese Täter beschreiben ihre Motivation
z.B. so: "Ich vergewaltigte das Mädchen nicht, ich
wollte es [nicht 'sie'! Anm. d.A.]nur zerstören"
(HAZELWOOD & DOUGLAS, 1980). Letztlich leben die Täter
langgehegte und bis dato (in ihrer Ausführung) gehemmte
Phantasien aus. Wenn die ebenfalls im Aggressionsmotiv
verankerte Aggressionshemmung (vgl. zum
Aggressionsmotiv: KORNADT, 1982, 1992a,b; KORNADT &

20

ZUMKLEY, 1992) in ihrer Wirkung nicht mehr ausreicht, kommt es zum Ausbruch der Tat, der dann oft weitere folgen. Täter, deren frühkindliche Erfahrungen aus Gewalt, Ablehnung, Vernachlässigung und negativen Bindungen zu Bezugspersonen bestehen, kompensieren dies durch Tagträume, in denen sie sich stark, mächtig und überlegen fühlen. Dabei spielen Themen wie Gewalt, Vergeltung und Verstümmelung eine dominante Rolle. Der Wunsch zu dominieren und stets Kontrolle über seine Umwelt zu haben, läßt sich am besten durch Aggressivität verwirklichen, so die Lernerfahrung der Mörder in ihrer Kindheit. Dabei drückt sich dieser Wunsch zunächst in der Phantasie aus (RESSLER, 1985; RESSLER et al., 1988).

Vor den eigentlichen Morden kommt es ab und zu zu aggressiven Handlungen gegen schwächere Lebewesen (meist Tiere, seltener gegen Kinder), die gequält und verletzt oder getötet werden (RESSLER & SHACHTMAN, 1993; FÜLLGRABE, 1990, 1992; MOOR, 1991; DAVIS, 1992). Auch erste kriminelle Delikte wie Diebstahl, Brandstiftung oder Körperverletzung werden praktiziert (vgl. dazu RESSLER et al., 1985; FÜLLGRABE, 1992).

Wenn dieser ganzen Entwicklungskette eine tatsächliche aggressive Motivation zugrunde liegen sollte, so müßte dies durch Konzepte des Aggressionsmotivs erklärbar sein. Um dieser Frage nachzugehen, ist es nötig, etwas weiter auszuholen und zunächst einige besondere Aspekte zu besprechen, um daraus die aggressionsrelevanten Teilkomponenten abzuleiten.

2 Aggressionsziel=Aggressionsopfer?

Jede motivierte Handlung ist auf ein Handlungsziel

ausgerichtet. Beim Aggressionsmotiv besteht das primäre Ziel darin, einen Frustrator zu schädigen. Dabei stellt sich die Frage, wieso die Opfer, die ja in den meisten Fällen dem Täter unbekannt sind, ausgewählt wurden, m.a.W. es stellt sich die Frage, wer soll eigentlich geschädigt werden? Wer ist also das primäre Ziel der Aggression?

Die eigentlichen Opfer können es nicht sein, da sie in der Regel zufällig den Täter in die Hände fallen bzw. von ihm nach bestimmten Kriterien ausgesucht werden (John Joubert, der zwei Jungen ermordet hatte, bestritt sogar energisch, dass er sie gekannt habe). Befragt man Serienmörder nach ihrem eigentlichen Motivziel, also danach, wen sie eigentlich schädigen wollen, so erhält man neben "Familienangehörigen" (Mutter, Ehefrau, ...) häufig Antworten wie "die Gesellschaft" (dass er [Peter Kürten] an der ganzen Menschheit hätte Rache nehmen wollen , LENK& KAEVER, 1974), "alle Frauen" oder "Kinder, die eine nie gekannte Geborgenheit in ihrer Familie erleben". Opfer sind meistens Frauen, seltener Kinder, haben in der Regel dieselbe Hautfarbe und oft ähnliches Alter wie der Täter (FBI, 1990), die Täter sind zu 80 % bei "einfachen Morden" (BERKOWITZ, 1994), zu 95% bei Serienmorden (RESSLER, 1992), Männer.

Systematische planende ("organized") Täter überfallen meist Fremde, die sie sich vorher aber nach bestimmten Kriterien wie Alter, Aussehen, Frisur oder Beruf ausgesucht haben. Der planlos ("disorganized") vorgehende Mörder trifft keine Auswahl, seine Überfälle sind häufig willkürlich, konkrete Vorstellungen von seinen Opfern hat ein solcher Täter nicht. "Er will gar nicht wissen, wen er vor sich hat und versucht oft, die Persönlichkeit des Opfers vorzeitig auszuschalten, indem er es bewußtlos schlägt, das Gesicht zudeckt oder entstellt" (RESSLER et al., 1992).

David Berkowitz gab zu, dass das Hauptmotiv für seine Taten (er tötete innerhalb eines Jahres 6 Frauen und verletzte 6 weitere schwer) "Haß gegen seine Mutter war und wohl auch mit seiner Unfähigkeit zu tun habe, richtige Beziehungen mit Frauen einzugehen" (RESSLER et al., 1992); ein 40jähriger Lehrer, der wegen sechsfacher Vergewaltigung verurteilt wurde, gab als Motiv an, "dass er vermehrt von Schülerinnen, speziell im Pubertätsalter, terrorisiert worden wäre, und dass er sich dafür dann an den Opfern gerächt habe" (HARMS, 1992).

Diese Beispiele deuten auf ein Phänomen hin, das allgemein als Aggressionsverschiebung (nach BANDURA & WALTERS, 1959) bezeichnet wird. Aus aggressionsmotivischer Sicht ist diese Erklärung aber nicht ganz überzeugend. KORNADT (1982a) führt statt dessen folgende Erklärung an: Die beobachtete Generalisierbarkeit der Aggressivität, die auch 'eigentlich harmlose' Personen und Situationen mit einbezieht, wäre nicht durch eine 'Verschiebung' zu erklären, vielmehr wäre die Entwicklung von hochgeneralisierten kognitiven Deutungsschemata als aus affektiven Quellen und vielerlei negativ erlebten und gedeuteten Erfahrungen gespeist anzunehmen (...) Das würde vielleicht sogar die Entwicklung eines sehr verallgemeinerten, quasi auf alle Menschen, Situationen, Werte usw. bezogenen und im konkreten Fall beliebig anwendbaren Rachemotivs bedeuten." Damit erklärt sich, dass im konkreten Fall der Motivationprozeß in der frustrierenden Situation durch einen Frustrator zwar aktiviert, aber nicht ausgeführt wird. Warum die Handlung noch nicht ausgeführt wird, kann sich durch Hemmungsprozesse erklären, die im Zusammenhang mit der frustrierenden Person existieren. Wenn die momentane Aggressivität danach auf ähnliche, weniger tätergehemmte Personen gerichtet wird, so muß dies allerdings in einem sehr engen zeitlichen Rahmen geschehen. Sofern Aggressionshandlungen erst später auftreten, kann das Verschiebungsmodell nicht mehr zutreffen. Zudem muß noch, aus motivischer Sicht, ein abstraktes, hochgeneralisiertes Aggressionszielsystem aufgebaut sein, "vielleicht im Sinne eines diffusen Hasses auf

'Mächtige oder 'Frauen'[3], Menschen" (KORNADT, 1982a).
Der Serienmörder Peter Kürten einmal in einem Gespräch
über seine Taten als Motiv an: aus einem
Vergeltungsgedanken heraus. Ich will aber dieses
Vergeltungsgefühl(...) nicht auf eine Stufe gestellt
haben als wie Rache, sondern ich glaube, dass dieses
Vergeltungsgefühl sich in mir seit Jahren empor gebildet
hat. (LENK & KAEVER, 1974).

Worin besteht nun das eigentliche Motivziel? Alle
genannten Aussagen beinhalten eine extreme
Feindseligkeit gegenüber einer nicht direkt angreifbaren
Gruppe (Gesellschaft, Frauen, ...) in Verbindung mit
einem Streben nach Macht, Macht über andere, nicht in
erster Linie über das Opfer, sondern Macht als Gefühl
der Stärke, des Selbstbewußtseins, der Unangreifbarkeit,
der Unverletztlichkeit. Trotzdem bleibt die
Feindseligkeit als Hauptursache im Vordergrund.

---

3 Kindheitserlebnisse

Wenn man diejenigen Täter außer acht läßt, die
offensichtlich geisteskrank sind und ihre Taten als
Folge von Wahnvorstellungen o.ä. begehen[4], bleibt bei
allen anderen die Frage nach den Ursachen solch extremer
Taten, wie bsplw. der oben beschriebenen oder genauer:
nach den Ursachen extrem aggressiver Motivation.

Einen allgemeinen Eindruck liefert die intensive
Untersuchung des FBI an 36 Serienmördern. Alle Täter
stammten aus zerrütteten Familienverhältnissen und
empfanden ihre Erziehung als kalt, feindselig und
ungerecht; 13 Täter berichteten von körperlichen, 23 von
psychischen und 12 von sexuellem Mißbrauch in ihrer
Kindheit (BURGESS, 1986). RESSLER et al. (1993)
schreiben dazu "Das Verhältnis der von uns Befragten
[Serienmörder, Anm. d.A.] zu ihrer Mutter war
ausnahmslos von Kühle, Distanz, Lieblosigkeit,

24

Vernachlässigung geprägt. Emotionale Wärme oder Körperkontakt erlebten sie kaum." Dazu ein Beispiel (zit.nach RESSLER et al., 1993): "Eine Frau steckte ihren Sohn, als er noch ein Säugling war, in einen Pappkarton, schaltete ihm den Fernseher ein und ging zur Arbeit. Später stellte sie ihn in einen Laufstall, warf ihm etwas zu Essen hinein und ließ ihn wieder mit dem Fernseher allein, bis sie irgendwann heimkam. Ein anderer berichtete uns, dass er jeden Abend allein in seinem Zimmer sein mußte. Wenn er doch ins Wohnzimmer ging, verscheuchten ihn seine Eltern und schrien ihn an, sie wollten allein sein, sonst hätten sie ja nie die Gelegenheit dazu."

Es gibt also nicht zu übersehende Anzeichen dafür, dass bereits in der Kindheit ein Grundstein für extreme Aggressivität gelegt werden kann. Dazu muß man die Genese des Aggressionsmotivs selbst wie auch speziell den Aufbau eines aggressiven Handlungsrepertoires betrachten.

Wie KORNADT ausführlich dargelegt hat (1987, 1988, 1989a; KORNADT & ZUMKLEY, 1992),muß man von einer „vor allem in der frühkindlichen Motivgenese wirksamen Hierarchie von Motiven innerhalb der Persönlichkeit ausgehen. Dabei scheint der Aggression die Funktion zuzukommen, für zentrale Bedürfnisse nach Sicherheit, nach Unversehrtheit von Leib und Leben, nach Lebensbewältigung usw. eine Art Notwehrfunktion zu haben. Das Bewußtsein, im Notfall wenigstens mit Gewalt doch noch Erfolg haben zu können, gibt Sicherheit und führt zur Entwicklung einer generalisierten Zielsetzung in dieser Richtung. Das sich daraus (individuell verschieden) entwickelnde generalisierte Aggressionsmotiv ist dann so organisiert, dass es immer dann anspricht, wenn eine (subjektiv mit dieser Bedeutung gesehene) Frustration eintritt." (KORNADT & ZUMKLEY, 1992).

3.1 Der Einfluß der Eltern-Kind-Bindung

Betrachtet man den letzten Punkt noch genauer, so sieht

25

man, dass die Mutter-Kind-Beziehung[5], speziell die Bindungsfähigkeit und das dadurch erlernte Sicherheits oder Geborgenheitsgefühl, eine zentrale Schaltstelle für die Entwicklung extremer Aggression darstellt (vgl. KORNADT, 1992b,c). Der Aspekt der Mutter-Kind-Beziehung, der vielleicht entscheidend für die Ausbildung der Aggressivität ist, ist die Responsivität der Mutter, d.h. "die Fähigkeit der Mutter, empathisch mit ihrem Kind umzugehen, Deutungen der Mutter bei Aufmerksamkeitssuche des Kindes und das Ausmaß der mütterlichen Bereitschaft oder Fähigkeit, im Konfliktfall eigene und kindliche Bedürfnisse in Einklang bringen zu können und ggf. auf die Realisierung eigener Ziele zu verzichten" (KORNADT, HUSAREK & TROMMSDORFF, 1989). Die Autoren konnten zeigen, dass "je empathischer und responsiver Mütter in ihrer Erziehung sind, um so geringer ist die Aggressivitätsausprägung ihrer Kinder; Mütter dagegen, die sich häufig frustriert oder ärgerlich über das Kind fühlen, das Kind insgesamt als stärker belastend empfinden (...) haben Kinder, die stärker aggressiv sind". Betrachtet man den Bindungsaspekt, so läßt sich folgender (zunächst theoretischer) Verlauf erwarten (nach KORNADT, 1992c):

Ausgangspunkt ist eine unsicher-meidende Bindung, die beim Kind dazu führt, dass bereits geringe Frustrationen als ernsthaft bedrohlich empfunden werden. Dies begünstigt die Ausbildung eines negativen feindlichen Umweltbildes. Konflikte mit Erziehungspersonen werden deshalb häufiger und intensiver, wodurch die unsichere Bindung noch verschlimmert wird.Erhöht wird eine emotionale Distanz zu möglichen anderen Bezugspersonen, die evtl. Sicherheit und Geborgenheit liefern könnten. Aggressive Handlungen gegen andere werden somit als Mittel zur Sicherung eigener Interessen (Abwehr der Bedrohung durch die Umwelt) erlernt. Die Kinder werden besonders ansprechbar für aggressive Modelle, wodurch mittels Imitationslernen aggressive Werthaltungen zusammen mit feindseligen Intentionsattribuierungen verstärkt werden. Es verstärken sich die aggressiven

*Handlungsschemata als Reaktion auf die feindliche
Umwelt, worauf diese wiederum ablehnend reagiert. Das
Kind wird in seiner abweisenden Haltung bestärkt und
entwickelt aggressive Ziele und Werthaltungen.*

*Diese Argumentationsfolge läßt sich durch einige Daten
der FBI-Studie (zit. nach FÜLLGRABE,1992)
konkretisieren:*

- *Die Mörder fühlen keine Bindung an andere Menschen
  Sie nehmen keine Rücksicht auf dieBedürfnisse
  Anderer oder sind nicht sensitiv für die
  Bedürfnisse anderer Menschen*
- *Die Erziehung, das Schulversagen und andere
  Leistungsmängel werden als Teil einer ungerechten
  und unfreundlichen Welt wahrgenommen; die
  Erziehung wurde als unfair, feindselig
  ,unbeständig und mißbrauchend beschrieben*
- *Die meisten der interviewten Straftäter hatten
  schlechte Beziehungen zu ihren Vätern, 16 der 36
  Untersuchten berichteten von kalten und wenig
  fürsorglichen Beziehungen zu ihrer Mutter. In 47%
  der Fälle verließ der Vater die Familie, bevor das
  Kind 12 Jahre alt war, viele der späteren
  Serienmörder mußten sich einem neuen
  Familienoberhaupt anpassen.*
- *Zu Geschwistern hatten sie wenig Bindungen, sofern
  Geschwister überhaupt vorhanden waren.*
- *Zur Instabilität der Familie kam in 68% der Fälle
  noch eine Instabilität des Wohnortes.*
- *66% der Täter lebten, bevor sie 18 Jahre alt
  wurden, außerhalb der Familie in Erziehungsoder
  Adoptivheimen.*
- *In den Familien der späteren Mörder gab es zumeist
  erhebliche Probleme: Kriminalität (in 50% der
  Fälle), psychiatrische Probleme (53.3%),
  Alkoholmißbrauch (69%), Drogenmißbrauch (33.3%)
  oder/und sexuelle Probleme (46.2%).*
- *Die Kinder selbst nannten u.a. häufig folgende*

> *Probleme: Tagträume (82%), zwanghafte Masturbation (82%), Isolation (71%).*

- *Ebenfalls wurde von devianten Handlungen der Kinder berichtet: chronisches Lügen (71%), Zerstörung von Eigentum (58%), Feuer legen (56%), Stehlen (56%) oder Grausamkeit ggb.anderen Kindern (54%).*

Zu diskutieren bleibt allerdings noch, um die unsicher-meidende Bindung als einziger Ausgangspunkt des obigen Modells zu sehen ist. Alternativ dazu wäre auch denkbar, dass in unsicher-ambivalenter Bindung ebenfalls eine Ursache liegen könnte.

Im Falle eines schweizer Serien-Kindermörders spitzt sich der Mangel an einer sicheren Bindung zu. Während seines Geständnisses wurde er u.a. auch nach den Motiven für die Morde befragt, worauf er starke Neidgefühle auf seine Opfer angab, weil diese Kinder eine Geborgenheit in einer Familie erlebten, die er nie kennengelernt hatte. Durch die Tötung "bestrafte" er die Kinder für die Geborgenheit und Nestwärme, die er selbst nie empfunden habe; nicht zuletzt machte er die Gesellschaft schlechthin indirekt für seine Taten verantwortlich, indem diese zugelassen habe, dass er eine derart unerfreuliche Kindheit verlebt habe (WINZENRIED, 1992).

Dass elterliches Fehlverhalten zu emotionalen Fehlentwicklungen führen kann, ist vielfach belegt. Beispielsweise beschreiben MALATESTA & IZARD (1984), dass Kinder in den ersten 34 Monaten irritiert und negativ reagieren, wenn sich die Mutter nicht responsiv verhält, also ein stilles unbewegtes Gesicht macht oder dem Kind in Situationen, in denen es emotionales "Rückmeldung" erwartet, den Rücken zuwendet; wenn die Mutter die Wünsche und Signale des Kindes zuwenig oder gar nicht beachtet und sich passiv und abweisend verhält, werden die kindlichen Emotionen ausgedünnt, flachen ab, der emotionale Ausdruck verschwindet, das Kind verhält sich neutral (...) ist dagegen das mütterliche emotionale Verhalten inkonsistent und nicht

28

vorhersagbar, muß das kindliche emotionale Verhalten eine hohe Intensität annehmen, um Reaktionen bei der Mutter hervorzulocken. (GEPPERT & HECKHAUSEN, 1990). HARRIS (1989) fand bei mißhandelten Kindern heraus, dass sie gegenüber Gleichaltrigen sehr häufig aggressiv werden, in der Not weniger oft und weniger gerne beistehen. Mißhandelte Kinder reagieren auf Signale wie Weinen oder Trauer häufiger mit Feindseligkeit, Drohungen und körperlichen Attacken (MAIN & GEORGE, 1985). Ein nichtresponsiver, kalter, disziplinierter und herabwürdigender Erziehungsstil kann beim Kind später zu Mitleidlosigkeit, Gewalttätigkeit und gestörten sozialen Beziehungen führen (ULICH & MAYRING, 1992; MANTELL, 1978). Emotionale Fehlentwicklungen können zu Verzerrungen der Selbstwahrnehmung oder zum Verschwinden von Gefühlszuständen beim Kind führen (LEWIS & MICHALSON, 1982).

Mangelnde Responsivität seitens der Erzieher wird dann besonders fatal, wenn dadurch das Bedürfnis des Kindes nach Sicherheit und Geborgenheit frustriert wird. Dadurch werden Reaktionen des Kindes wie Ärger oder wütender Protest begünstigt, weil eine Verletzung des Selbstwertes stattfindet. „Das Aggressionsmotiv wird dann stark entwickelt werden, wenn es einen hohen funktionalen Wert für die zentralen Anlagen der Persönlichkeit hat; die Motivgenese wird unter dieser Betrachtung selbst zum 'motivierten Prozeß'. Dabei scheint ihr Ziel vor allem in der Aufrechterhaltung oder (Rück)Gewinnung eines positiven Selbstkonzeptes zu bestehen.Gestützt werden diese Annahmen durch Befunde, die die Selbstwertverletzung des Kindes transkulturell als wesentliche Antezendenzbedingung unterschiedlicher Motivausprägunggen aufzeigen konnten" (KORNADT, 1989b).

3.2 Differenzen im Aggressionsmotiv

Individuelle Differenzen im Aggressionsmotiv haben ihren Ursprung im frühen Kindesalter. Vorstufen des Motivs beginnen bereits im Alter von ca. 1,5 Jahren. Bis zum 3. Lebensjahr bilden sich dann individuelle Besonderheiten,

29

die maßgeblich am weiteren Verlauf der Entwicklung beteiligt sind. Die wichtigsten Entwicklungsprozesse sind

1. die frühkindliche Auslösung von Ärgerreaktionen und deren Verknüpfung mit Auslösebedingungen, Reaktionsweisen und ihren Effekten
2. das allmähliche Lernen von aggressiven Verhaltensweisen und ihren Konsequenzen
3. das Aufbauen aggressiver Handlungsschemata und Aggressionszielen anhand der Beobachtung von Vorbildern
4. die Ausbildung ausgesprochen spezifischfeindseliger Aggressionsziele und damit eines echten Aggressionsmotivs auf der Basis der Wahrnehmung eigener Feindseligkeit und sich entwickelnder Intentionsattribuierung.

Punkt 1 bezieht sich auf die entstehende Verknüpfung zwischen Ärger und Frustration, wobei unter Frustration eine große Klasse von Umständen beschrieben werden soll, die nicht im einzelnen präzisierbar sind, die sich aber bzgl. ihrer Komplexität ordnen lassen von der körperlichen Verletzung über die Verletzung der Selbstachtung bis hin zur Verletzung umfassender Wertvorstellungen. Beim Zustandekommen der Verknüpfung Frustration und Ärger sind im Einzelfall viele individuelle Lernprozesse beteiligt, wobei im Kern dieses Lernprozesses eine erbbedingte Verbindung aversiver Erlebnisse mit Ärgerreaktionsbereitschaft einhergeht.

Punkt 2 und 3 sind eng miteinander verbunden und beginnen bereits in der Phase, in der viele motorische Fähigkeiten und Verhaltensmuster entwickelt werden, darunter sicherlich auch viele aggressionsrelevante wie Schreien, Treten oder Schlagen. Erbbedingt können auch aggressionsspezifische Lerndispositionen vorhanden sein, die dazu führen, dass eine besondere emotionale Ansprechbarkeit für aggressive Situationen ausgebildet wird. Diese Lernvorgänge geschehen hauptsächlich über

Imitationslernen, wobei Bezugspersonen, in erster Linie die Eltern, eine wichtige Rolle spielen. Aber auch die Interaktion mit anderen Kindern stellt eine wichtige Erfahrungsquelle für die Entwicklung von Aggressivität dar. So können peers (insbes. Geschwister, Freunde) in bestimmten Situationen (bsplw. Kindergarten oder Freispiele) die wichtigste Belohnungsquelle für aggressives Verhalten darstellen.

Dabei schildern Serientäter häufig, dass sie in ihrer Kindheit nicht Täter, sondern vielmehr Opfer waren; Opfer ihrer Eltern oder ihrer gleichaltrigen peers. Sie erhalten durch viele negative Erfahrungen ein Bild ihrer Umwelt als bedrohlich, feindlich und lernen, dass man ständig auf der Hut vor Ungerechtigkeiten und Bedrohungen sein muß. Auf diese Art und Weise bilden sich die unter Punkt 4 genannten ausgesprochen feindseligen Aggressionsziele, die es zu bekämpfen oder zu beherrschen gilt. Diese frühen Kindheitserlebnisse lassen auch Schlüsse auf die sexuellen Aspekte der Taten zu. Da im Gegensatz zu früheren Annahmen keine sexuelle Motivation mehr als Hauptantrieb angenommen wird (s.u.), muß es andere Erklärungen für diese Tatsachen geben. Denkbar wäre folgendes Modell: Die Täter erleben in der Kindheit eine Reihe starker Frustrationen in verschiedenen Bereichen (Schule, Elternhaus, Geschwister,...); ein besonders sensibeler Bereich, gerade bei Jungen, ist die Sexualität. Im Jugendlichenalter erlebte Kränkungen durch erste mißlungene sexuelle Kontakte mit Mädchen, die sich möglicherweise noch wiederholen, können als Frustrationen gelten, die besonders tief treffen. KORNADT & ZUMKLEY (1992) schreiben dazu: „eine Häufung von frustrierenden Erfahrungen in einem bestimmten Lebensbereich (...) könnte zu einer außerordentlichen Bedeutungssteigerung dieses Themenbereiches führen. Es wird als fortdauernde, vielleicht wachsende Bedrohung wichtiger zentraler Bedürfnisse (Selbstachtung, Anerkennung, Geborgenheit ...) erlebt werden können, auf die ein immer stärker werdendes generalisiertes und mit

31

starken Affekten verbundenes Aggressionsmotiv sich aufbaut."

3.3 **Perversion und sadistische Phantasien**

Serienmordtaten enthalten in fast allen bekannten Fällen extreme sadistisch sexuelle Komponeten. Die lange gültige Theorie von übersteigerten Sexualtrieb ist heute kaum noch haltbar (vgl. bsplw. BURGESS et al., 1986; FBI, 1985; FÜLLGRABE, 1983, 1992; GÖBEL, 1993), statt dessen wird eine extrem aggressive Motivation angenommen. Es gibt also, wie SCHMIDT (1983) aufzeigt, nichtsexuelle Motive im Sexualverhalten. Er schreibt: „Sexualität erhält über den autochtonen Charakter hinaus Qualitäten von Intensität und Dynamik aus anderen als sexuellen Quellen, sie erlangt ihre Intensität und die Indienstnahme nichtsexueller Motive und Affekte". Insbesondere in der Perversion, speziell im Sadismus, kommt dies zum Tragen: MARQUIS DE SADE beschrieb bereits sehr ausführlich, wie das perfekt geplante, ungeheuerliche, sich über alle Grenzen hinwegsetzende Verbrechen Grundlage größtmöglichen Genusses werden kann. Die Überwindung von Tabus und Normen machen für ihn sexuellen Genuß aus. „Die Bedeutung solcher Erlebnisinhalte für sexuelles Verlangen und Lust ist am einfachsten bei den Perversionen zu erkennen." (SCHMIDT, 1983). Beispielsweise charakterisiert STOLLER (1976,1979) Perversionen als erotische Form des Hasses. Der Orgasmus ist nicht nur Ejakulation, sondern ein „megalomaner Ausbruch von Freiheit." Die sexuelle Befriedigung resultiert aus dem Erlebnis der Konfliktlösung, der Angstüberwindung, des lustvollen Triumphes über die Demütiger (STOLLER, 1975). Für MORGENTHALER (1974) ist die Triebbefriedigung im perversen Akt sekundär, oft merkwürdig bedeutungslos. SCHMIDT (1983) leitet aus Stollers Untersuchungen drei Prozesse ab, die für die Perversion und in geringem Maße für die sexuelle Erregung überhaupt von Bedeutung sind:

1. Das Oszillieren zwischen Erwartung von Gefahr und

Überwindung von Gefahr, das Eingehen eines Risikos, wenn auch eines kalkulierbaren, steigert sexuelle Erregung.

2. Im Spannungsfeld von Angst und Triumph wird Sexualität zum Kampf. Das Leitthema der Dramaturgie sexueller Erregung ist deshalb (für STOLLER) Feindseligkeit. Die Degradierung des Partners zum Nicht-Individuum, zur Figur im sexuellen Szenario, sind nach STOLLER ein wichtiger Aspekt erotischer Feindseligkeit.

3. Risiko und Kampf münden in eine Konfliktlösung, die Überwindung eines Kindheitstraumas, Konflikte oder Traumata, die nach Stoller in der Regel in der Geschlechts-Identitätsentwicklung entstehen.

Diese von STOLLER beschriebene Wirkungsweise von Sexualität wurde insbesondere von SCHORSCH (1978) kritisiert. Er führt aus, dass nicht nur Feindseligkeit intensive Sexualität möglich mache, sondern dass auch „alte kindliche Wünsche und Sehnsüchte, Ahnungen von früheren paradiesischen Glückszuständen in ihr wieder aufleben können." In Anlehnung an GOLDBERG (1975) nennt SCHMIDT (1983) dies die Sexualisierung von Affekten und formuliert, dass „Affekte schmerzhafte wie Angst, Scham,Schrecken und Demütigung, aggressive wie Wut und Haß oder aber auch positive wie Freude und Bestätigung ins Sexuelle transformiert und sexuell als Verlangen, Anziehung und Erregung erfahren werden. Die Intensität sexuellen Verlangens und Erlebens sowie das Ausmaß der Befriedigung hängt von in der Regel nicht bewussten und erkennbaren, oft nur aus der Biographie verständlichen symbolischen Bedeutungen einer sexuellen Handlung ab und nicht etwa von der Stärke des 'Triebdruckes'." Sexualität und Perversionen können also eine Art umgeleitete Feindseligkeit darstellen, aus der letztlich eher aggressive als sexuelle Handlungsziele entstehen.

Bevor diese extrem aggressive Motivation in letzter Konsequenz zu Morden, also der tatsächlichen motivierten Handlung, führt, haben die Täter meistens stark gewalthaltige Phantasien. Das FBI (1985) schreibt dazu:

33

"Diese Phantasien sind extrem gewalttätig und reichen von Vergewaltigung bis hin zu Verstümmelungen oder Quälen und Mord. Diese Phantasien bewegen sich jenseits normaler sexueller, vergnügungsorientierter Tagträume". Deshalb stellt FÜLLGRABE (1992) auch die Frage nach der Entstehung sadistischer Phantasien. Er bezieht sich dabei auf die schon mehrfach zitierte FBI-Studie an Serienmördern. 56% der Täter hatten Vergewaltigungsphantasien, bevor sie 18 Jahre alt waren. Knapp 40% der Kinder wurden in ihrer Jugend selbst sexuell mißbraucht.

John Joubert berichtete über erste Gewaltphantasien im Alter von 6 oder 7 Jahren: Darin schlich er sich von hinten an seinen Babysitter heran, erwürgte sie und fraß sie mit Haut und Haaren auf. Später bei der Ermoderung seiner Opfer verwirklichte er die Phantasien, die er seit seinem 7 Lebensjahr ständig perfektionierthatte.

Peter Kürten gab bei einer Vernehmung zu Protokoll: „Wenn ich mir vorgestellt habe, dass ich einem den Bauch aufgeschlitzt habe oder sonst schwer verletzt, dabei erfolgte endgültige Befriedigung (...) ich habe mir auch vorgestellt, Massenkatastrophen herbeizuführen mittels Bazillen, die ich ins Trinkwasser befördere (...) ich habe mir noch weiterhin vorgestellt, so irgendwie Schulen oder so zu benutzen und da durch Verschenken von kleinen Schokoladenproben, die man hätte vergiften können mit Arsen die Morde auszuführen. (LENK & KAEVER, 1974).

Schaut man sich die Beschreibungen der Phantasien an, die Serienmörder liefern, so handelt es sich dabei meist um vorweggenommene, später in ähnlicher Form realilsierte Handlungen. Zugleich werden mögliche Handlungsfolgen und damit verbundene Erwartungsemotionen kalkuliert. „Prozesse des 'Vorstellens' haben mit denen des 'Wahrnehmens' und 'Handelns' eine Reihe von Elementen gemeinsam" (KORNADT & ZUMKLEY, 1992)

Nicht alle Kinder reagieren auf ihre Umwelt mit Gewaltphantasien und auch nicht alle, die solche

34

Phantasien haben, leben sie letztlich auch aus. Was Serienmörder als Kinder von diesen Kindern unterscheidet, ist der hohe Egozentrismus in seinen negativen, aggressiv-sexuellen Phantasien (BURGESS et al.,1986). Auffallend war bei den Interviews mehrerer Serienmörder, dass nie von positiven Phantasien oderTräumen berichtet wurde. Unklar bleibt dabei, ob es solche Träume nie gab oder ob sie durch die starken Gewaltphantasien nur in der Erinnerung verdrängt wurden. Die dabei entstehende Verbindung von Sexualität und Gewalt kann viele Ursachen haben; eine mögliche könnte in der Tatsache liegen, dass viele Serienmörder als Kind sexuell mißbraucht oder Zeuge eines solchen Mißbrauchs (bsplw. an Geschwistern) wurden(s.o). Diese aggressiven Phantasien brechen dann im Spiel mit anderen Kindern irgendwann durch. Ein Täter berichtete, dass er im Alter von 15 Jahren jüngere Jungen mit ins Badezimmer geschleppt hätte und dort oralen und analen Sex gefordert hätte; dabei "spielte" er seine eigenen Erlebnisse im Alter von 10 nochmals durch, diesmal aber in der Rolle des Überlegenen und nicht des Opfers (BURGESS et al., 1986).

Eine dominante Rolle in Gewaltphantasien spielen Tod und Mord. "Tod ist ein Beispiel für größtmögliche Kontrolle" (BURGESS et al., 1986). Kontrolle über die Umwelt zu haben bedeutet Sicherheit und Stärke, denn es kann keine unvorhergesehenen, nicht zu bewältigende Situation eintreten, die bedrohlich wäre. Wer Kontrolle hat, hat Macht und Stärke und ist damit sicher vor Bedrohungen. Diese Argumentationskette entwickelt sich zunächst in der Phantasie, jedoch kam bei allen Serienmördern irgendwann der Punkt, an dem Phantasien allein nicht mehr ausreichten, um das gewünschte Geborgenheits und Sicherheitsgefühl zu erzeugen, es entstand der Wunsch nach Realisationen. Damit beginnt in der Regel die Mordserie. Falls die Täter nach den ersten Mord nicht direkt verhaftet werden, schließt sich der Kreis und scheinbar bestätigt sich die Phantasie. Eine Vermischung von Schein und realer Welt tritt ein.

35

4 Warum werden nicht alle zu Mördern ?

Eine denkbare Antwort auf diese Frage könnte man zu dem Zeitpunkt vor der ersten Tat suchen. Die Täter müssen in eine auslösende Situation kommen und auf sie ansprechen. Manche potentielle Täter gelangen nie in eine solche Situation. In diesem Zusammenhang führt von HENTIG (1961) besonders die Rolle des Zufalls aus. Beispielhaft beschreibt er Zwillinge, von denen einer kriminell wurde, der andere nicht. Der Nichtkriminelle gestand in einer Untersuchung, dass er im Alter von 12 Jahren kurz davor gestanden habe, zusammen mit zwei anderen in einen Laden einzubrechen. Nur weil eine Person die Straße entlang kam, mißglückte der Versuch. FÜLLGRABE (1983) und auch LEMPP (1977) halten die Rolle des Zufalls für sehr wichtig. Sie gelangen zu der Erkenntnis, "dass durch den Zufall bei gleicher Persönlichkeitsstruktur unterschiedliche Entwicklungen möglich werden: Von zwei Straftätern wird nur einer erwischt; von zwei Strafentlassenen lernt einer eine Frau kennen, die er heiratet und mit der er ein bürgerliches Leben führt; jeweils einer wird eine kriminelle Entwicklung nehmen, der andere nicht!" (FÜLLGRABE, 1983). LEMPP (1977) fand heraus, dass die von ihm untersuchten jugendlichen Mörder (allesamt Einzeltäter, keine Serientäter) sich von von anderen Jugendlichen mit ähnlichen Defiziten in der Persönlichkeitsstruktur und mangelnder Selbstkontrolle nur dadurch unterschieden, dass sie in eine Situation kamen, der sie nicht gewachsen waren. RESSLER et al. (1993) schildern solche auslösende Begebenheiten an mehreren Fällen: "Der Anlaß für Richard Marquettes ersten Mord war seine Impotenz bei einer Frau (...) Ted Bundy gab vermutlich der Entzug der finanziellen Unterstützung den Rest (...) David Berkowitz' Probleme wurden übermächtig, als seine leibliche Mutter sich weigerte, ihn bei sich aufzunehmen (...) Nach einem besonders häßlichen Streit mit seiner Mutter knallte Ed Kemper die Tür hinter sich zu nahm sich vor: ' Die erste Frau, die mir über den Weg läuft, muß dran glauben.'" ROBERT RESSLER, der Gründer der

Abteilung für Verhaltensforschung beim amerikanischen
FBI, fand bei den von ihm untersuchten Serienmördern den
Grund für ihre deviante Reaktion in der Tatsache, dass
bei ihnen kein genügend stabiles psychisches Gerüst
vorhanden sei. "Angesichts widriger Umstände wie z.B.
plötzlicher Arbeitslosigkeit igeln sie sich ein,
konzentrieren sich nur noch auf dieses eine Problem und
schließen alles andere aus mit Ausnahme ihrer
Phantasien, von denen sie sich eine Lösung versprechen"
(ebd.). Dieses Vorgehen beschreibt anschaulich die
Folgen nicht vorhandener oder unsicher-meidender
Bindungsgefühle. Bindung verspricht Schutz in kritischen
Lebenslagen.Diese Gewissheit fehlt jenen Menschen, so
dass sie kein Repertoire an adäquaten
Verhaltensmöglichkeiten gelernt haben.

Vielleicht sollte man in diesem Zusammenhang die Rolle
der Volition betrachten. Handlungen werden nicht allein
aufgrund einer auslösenden Situation und einer daraufhin
ansprechenden Motivation ausgelöst, sondern es muß auch
der Wille zur Ausführung vorhanden sein. Es könnte also
auch möglich sein, dass sich Menschen, die an der
Schwelle zum Kriminellen stehen, sie letztlich aber
nicht überschreiten, von anderen durch ihren starken
Willen unterscheiden. Dieser Wille ist aber nicht immer
selbstbestimmt, er kann auch durch Gegebenheiten der
Umwelt eingeschränkt sein. Wahrscheinlich kennt jeder
die Situation, dass er beim gemütlichen Bier mit
Freunden sich dazu überreden läßt, noch ein Glas zu
trinken, obwohl der Verstand sagt: ´Nein, Du hast genug
getrunken!´

Die mit dem freien Willen verbundene Selbstkontrolle und
Selbstverantwortung kann insbesondere durch aggressive
Erziehungsmethoden unterwandert werden. Bei Kindern, die
häufig gestraft werden, steht der strafende Erzieher im
Vordergrund, "der ihr Verhalten lenkt und kontrolliert.
Sie haben nie gelernt, ihr Verhalten selbst zu lenken
und zu kontrollieren" (FÜLLGRABE, 1983). Als Gegenpol
dazu fand BECKER(1964) heraus, dass Kinder, die in einer
freundlichen Atmosphäre aufwachsen, weniger Verbote

37

übertreten und wenn sie dies doch tun, dass sie dann
vermehrt Schuldgefühle entwickeln.

Aber nicht allein der Zeitpunkt vor der ersten Tat kann
entscheidende Weichen stellen, sondern auch die weitere
Entwicklung. STEPHAN QUENSEL (1980) zeigt anschaulich,
dass es mit zunehmender krimineller Karriere immer
schwieriger wird, aufzuhören. Er beschreibt Stationen
der "Karriere nach unten" folgendermaßen:

- Je besser die ursprüngliche Ausgangsbasis
  (späterer Beginn, intakte Sozialisation,
  zureichende Ressourcen) desto mehr positive
  Alternativen stehen zur Verfügung und desto
  geringer ist die Gefahr, nach unten abzugleiten.
- Das Ausgangsproblem ist meist sehr klein und viele
  Anfangsdelikte geschehen aus Jux
- Abweichende Problemlösungen werden erlernt und
  beibehalten als die gekonnte und deshalb
  naheliegende Art und Weise.
- Je weiter man in der Karriere nach unten gelangt,
  desto weniger positive Alternativen bleiben offen,
  desto häufiger werden andere belastende
  Alternativen (Trinken, Sucht, Selbstaufgabe)
  werden, desto länger ist der Weg zur Normalilтät,
  die nicht in Höhe der ursprünglichen
  Ausgangsbasis, sondern scherenförmig in gleicher
  Entfernung nach oben zu suchen wäre.
- Je weiter man in der Karriere nach unten gelangt,
  desto größer wird das ursprünglich kleine Problem
  durch sanktionsbedingte Zusatzprobleme, desto
  wahrscheinlicher wird die "Fortsetzung der
  Karriere", desto formeller und härter wird die
  Reaktion [der Gesellschaft, Anm. d.A:] und desto
  größer wird das Problem

Trotz der oben beschriebenen Entwicklung kann es dazu
kommen, dass zwar aggressive kriminelle Taten verübt
werden (Vergewaltigung, Entführung,), die Täter vor
Mord als Konsequenz jedoch zurückschrecken. Dies erklärt

38

sich in vielen Fällen mit einer noch vorhandenen Aggressionshemmung, die jedoch erst nach der Tat in vollem Umfang auftritt. "Zugleich ist zu beobachten dass er [ein mehrfacher Vergewaltiger, Anm. d.A.] danach mit starken Schamreaktionen und Schuldgefühlen reagierte (...) er habe den starken Drang gehabt, sich bei den Geschädigten zu entschuldigen" (HOFF, 1992).

Neben der mehr situativ-zufälligen Erklärung, die erst in relativ späten Lebensjahren einsetzen kann, kann bereits bei der Entwicklung des Aggressionsmotivs bzw. der Eltern-Kind-Bindung angesetzt werden. RESSLER et al. (1992) sehen die Beantwortung dieser Frage in der vorpubertären Entwicklung. Während dieser Zeit "bewahren starke Hände sie davor, später Morde oder Gewalttaten zu begehen".

5 Aufbau und Ablauf extrem aggressiver Motivation

 alle bisher genannten Gesichtspunkte wie Mosaiksteine zusammen, so ergibt sich letztlich ein Gesamtbild einer extrem aggressiven Motivation. Aus aggressionsmotivischer Sicht könnte also folgender Motivationsablauf vorliegen:

1. Ausgangszustand ist ein feindseliges Weltbild, möglicherweise erzeugt durch negative frustrierende Erfahrungen in der Kindheit im Umgang mit Eltern oder Freunden, starke, selbstwertverletzende negative Erfahrungen auch im späteren Alltag
2. Auslöser kann ein frustrierendes Erlebnis sein, auf dass man mit Ärger reagiert.
3. Die erlebte Situation wird als ungerechtfertigt und willkürlich interpretiert, aus Ärger wird Wut.
4. Das Aggressionsmotiv wird aktiviert, generalisierte Zielsysteme (Rache an Einzelpersonen oder der Gesellschaft, Erlangung von Kontrolle über die Umwelt) aktualisieren sich zusammen mit positiven Erwartungsemotionen.
5. Es erfolgt eine Abwägung von situationspezifischen

39

Zielvorstellungen und Handlungsmöglichkeiten,
deren Erfolgswahrscheinlichkeit abgeschätzt wird.

6. *Wenn die situativen Gegebenheiten günstig sind,*
   kommt es zur Handlungsausführung.
7. *Funktioniert die Handlung so, wie der Täter es*
   sich vorgestellt hat, so erlebt er starke positive
   Emotionen (Glücks oder Hochgefühl, Zufriedenheit,
   Macht, sexuelle Befriedigung, Selbstwerterhöhung).
8. *Die Motivation verschwindet (Katharsis),*
   Motivkomponenten werden durch die
   Handlungsergebnisse positiv verstärkt, aggressive
   Handlungsschemata werden wahrscheinlicher (im
   Gegensatz zu nichtaggressiven).
9. *Im Fall, dass der Täter nach der ersten Tat nicht*
   gefaßt wird, bauen sich evtl. vorhandene
   Hemmungsmechanismen (besonders Strafangst) ab,
   werden durch Gefühle der Nichtangreifbarkeit
   ersetzt (es erfolgt ein Überspringen von
   ehemaligen Hemmungsmechanismen hin zu
   Aktivierungsmechanismen). Andere Hemmungsarten wie
   z.B. Mitgefühl fehlen völlig.

Aus aggressionsmotivischer Sicht läßt sich das
Fortführen einer erstmals begangene Tat und deren
Perfektionierung (und damit der eigentliche Schritt vom
Mörder zum Serienmörder) auch über die Abnahme der
Aggressionshemmung und gleichzeitige Stärkung einiger
Aggressionsmotiv-Komponenten erklären. Ersteres basiert
auf der Erkenntnis der Täter, dass sie nicht realtiv
schnell gefaßt wurden und somit die Hemmungskomponente
"Strafangst" zunehmend vermindert wird. Der 22jährige
Serienmörder Oleg Kusnezow vergewaltigte anfangs "nur"
seine Opfer, hatte aber mit der Androhung von Gewalt
Erfolg, so dass keine der Frauen ihn anzeigte. "Das
machte ihn selbstsicher, nahm ihm die Angst vor der
Strafe" (KRIVITCH & OLGIN, 1992). Auch bei Andreji
Tschikatilo (52 Morde) verändert sich das Gefühl der
Strafangst allmählich: Nach dem ersten Mord verhält er
sich auffallend lange ruhig ("offenbar hat er Angst",
KRIVITCH & OLGIN, 1992). Danach wird zunächst ein

Anderer als mutmaßlicher Täter verhaftet und später sogar zum Tode verurteilt. Im Falle von Andrej Tschikatilo spitzt sich das Gefühl, unangreifbar zu sein und damit jenseits jeder möglichen Strafe zu stehen noch durch die Tatsache zu, dass er zweimal bereits in Untersuchungshaft saß, jedesmal aber wieder freigelassen wurde ("Danach war er zu dem Schluß gekommen, dass er der Verfolgung entkommen war und ihm keine Strafe drohte", ebd). Andere Hemmungskomponenten wie Empathie oder Schuldgefühle werden oder sind bereits von Anfang an nur schwach ausgebildet. Major Jewsejew berichtet über AndrejTschikatilo: "Nach seinem Verhalten [bei den Tatortbesichtigungen, nachdem er bereits endgültig verhaftet war, Anm. d.A.] zu urteilen, hatte er keine Gewissensbisse und verspürte keine Reue und Mitleid mit den Opfern"; auf die Frage des Richters, ob ihm niemals der Gedanke gekommen sei, dass er den Opfern weh tue oder ob er, wenn er einen Jungen getötet habe, niemals an seinen eigenen Sohn gedacht habe, antwortete er: "Das kam mir nicht in den Sinn". (ebd.). Ted Bundy, von dem das FBI annimmt, dass er zwischen 35 und 60 junge Frauen ermordet habe, wurde zweimal gefaßt und jedesmal gelang ihm die Flucht (RESSLER et al.,1992).

Durch die häufiger werdenden Morde gewinnt der Mörder aber auch Erfahrung, er vervollkommnet seine Fähigkeiten und erlangt damit eine immer größere und bessere aggressive Handlungskompetenz (A.Tschikatilo: "Ich lernte, mich nicht zu beschmutzen. Das Messer hielt ich in der linken Hand. Ich schreibe mit der Rechten, aber wenn ich Lebensmittel zerteile, halte ich das Messer in der Linken" (KRIVITCH & OLGIN, 1992). Damit rücken nichtaggressive Handlungsschemata immer mehr in den Hintergrund und bei geeigneten Auslösesituationen läuft die motivierte Handlung fast von selbst ab. Zusammen mit der Gewissheit, unantastbar zu sein, werden Serienmörder oft noch egoistischer und planen die nächsten Verbrechen (im Gegensatz zum ersten, oft affektgeladenen, zufälligen Mord) und tun danach den Opfern immer mehr Gewalt an. "Jeffrey Dahmer folgte dem Muster des

Serienmörders. Sie fangen vorsichtig an. Zuerst erschrecken sie über sich selbst, doch dann töten sie weiter. Die Zeitabstände werden immer kürzer, und ihr Geschick nimmt von Mal zu Mal zu. Nun werden sie verwegen und leichtsinnig, denn sie glauben, kein Sterblicher könne ihnen noch etwas anhaben, Macht über Leben und Tod hätten sie alleine" (RESSLER etal., 1992).

III.

7 Verschiedene Kurzinformationen

4 Phasen der Bindungsentwicklung (Bowlby, Ainsoth):

1.+2. Phase (bis 6. Monat): sofort aktivierbare Verhaltensweisen ggb. der nochundifferenzierten Umwelt, z.B. Lächeln; Danach (ab ca. 4. Monat) richten sich diese Systemeauf spezifische Personen (Mutter, Vater,)

3. Phase (bis 3 Jahre): Spezifische Bindung konkretisiert sich auf wenige Personen. "Fremdeln"ist ein Zeichen dafür, dass Kind seine Mutter erkennt und von anderen Personen unterscheidenkann. Bindungsverhalten wird in dieser Phase besonders in kritischen Situationen auf die Mutter ausgerichtet.

4. Phase (nach dem 3. Jahr): Zielkorrigierte Partnerschaft zwischen den Bindungspersonenbildet sich heraus.

3 Bindungstypen A, B, C

A (unsicher meidend)

B (sicher)

C (unsicher ambivalent)

Nach Bretherton et al. (1985) und SchneiderRosen (1991) kann eine unsichere Bindung in eine sichere übergehen.

Dagegen sprechen Erkenntnisse von Grossmann (1989).

Anmerkungen:

(1)Die meisten der später noch genannten Serientaten geschahen in den USA. Dies hat aber nicht zu bedeuten, dass es keine Relevanz für Europa gäbe oder dass diese Art des Verbechens typisch für Amerika sei. Auch in Europa (Deutschland 1931: Peter Kürten; 1968: Jürgen Bartsch; Großbritannien 1994: Frederick West; Österreich 1994: Johann Unterweger; Italien 1994: Pietro Pacciani) sind solche Taten, wenn auch noch in geringerem Umfang, anzutreffen. Manche Kriminalisten glauben jedoch, dass sich in den nächsten Jahren auch bei uns die Zahl der sadistischen Serienmorde erhöhen wird (vgl. dazu Füllgrabe, 1992). (Wenn Sie auf die BACK (Zurück)-Taste Ihres Browsers klicken, kommen Sie zurück zum Ausgangspunkt)

(2)In den meisten Serienmorden ist ein sexueller Aspekt enthalten; wenn auch selten direkte Vergewaltigung, so doch oftmals Verstümmelung der äußeren Sexualorgane oder nekrophile Komponenten.(Wenn Sie auf die BACK (Zurück)-Taste Ihres Browsers klicken, kommen Sie zurück zum Ausgangspunkt)

(3)In der Originalliteratur steht statt "Frauen" das Wort "Männer", weil Kornadt in einem vorherigen Beispiel eine Vater-Sohn-Beziehung anführt. Da sich Serientäter aber meistens Frauen als Opfer aussuchen, wird diese Wortersetzung zur besseren Verdeutlichung des Problems vorgenommen.

(4)Der sog. "Son of Sam-Killer" David Berkowitz behauptete beispielsweise, von dem Hund Sam seines Nachbarn die Befehle zu Töten erhalten zu haben. Allerdings muß bei solchen Angaben immer berücksichtigt werden, dass es sich um Taktiken zur erhofften Strafmilderung handeln könnte.

(5)Der Ausdruck "Mutter-Kind-Beziehung" soll

43

stellvertretend für die Beziehung zu einer oder mehreren
wichtigen Bezugspersonen stehen.

http://bildungswissenschaften.uni-
saarland.de/personal/paulus/murder.htm

IV:

Studie der Universität Glasgow

Was Menschen zu Massenmördern macht

21.05.2014, 12:57 Uhr |

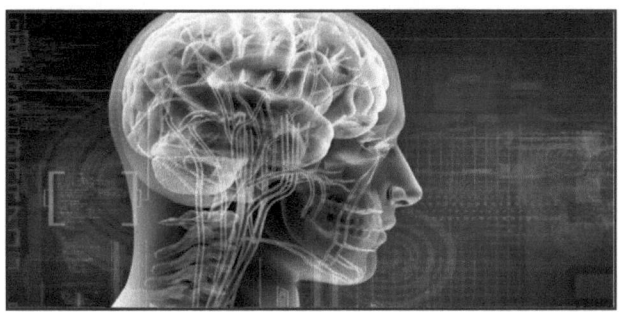

Forscher haben herausgefunden, was Menschen zu Massenmördern machen kann. (Quelle: Thinkstock by Getty-Images)

Forscher der Universität Glasgow haben herausgefunden, dass die Kombination von geistigen Entwicklungsstörungen wie <u>Autismus</u> oder Kopfverletzungen und psychischen Traumata Menschen zu Massen- oder Serienmördern machen kann. Das berichtet die britische Tageszeitung "The Independent".

Die Studie von Dr. Clare Allely vom Institut für Gesundheit an der Universität ist die erste ihrer Art und zeigt einen komplexen Zusammenhang zwischen geistigen Entwicklungsstörungen und psychosozialen Faktoren auf.

Die Forscher nehmen an, dass 28 Prozent der Mehrfach-<u>Mörder</u> von einer autistischen Störung (ASD) betroffen sind. 21 Prozent haben in der Vergangenheit eine Kopfverletzung erlitten. Von den Mördern mit ASD oder einer Kopfverletzung haben 55 Prozent traumatische Erfahrungen gemacht, die psychische Belastungen verursacht haben.

45

Zusammenhang zwischen Entwicklungsstörungen und Misshandlung

Allely warnte aber vor voreiligen Schlüssen: "Es ist wichtig, dass wir nicht versuchen zu suggerieren, dass Individuen mit ASD oder früheren Kopfverletzungen wahrscheinlicher zu Serienmördern werden oder ein schwerwiegendes Verbrechen verüben." Die Forscher nehmen an, dass es eine Untergruppe von Individuen innerhalb dieser Gruppen gibt, bei denen es eher möglich ist, dass sie zu Gewalttätern werden, wenn sie bestimmten psychosozialen Stressfaktoren ausgesetzt werden.

Die Forschungsergebnisse, die im "Journal of Violent and Aggressive Behaviour" veröffentlicht wurden, zeigen einen Zusammenhang zwischen geistigen Entwicklungsstörungen wie Autismus oder Kopf-Traumata und psychosozialen Funktionsstörungen wie körperlicher Misshandlung oder sexuellem Missbrauch in der Kindheit.

Forschung über Massenmörder ganz am Anfang

Laut Allely stecke die Forschung über Massen- und Serienmörder "noch in den Kinderschuhen" und weitere Studien seien nötig, um den Mechanismus zu verstehen, der extremen Formen der Gewalt zugrundeliegt. Erst dann könnten Präventionsmaßnahmen entwickelt werden. Sie fügte hinzu: "Wir würden empfehlen, dass in Zukunft alle Serien- oder Massenmörder, die festgenommen werden, unter Benutzung standardisierter Werkzeuge für das Erforschen geistiger Entwicklungsstörungen, gründlich beurteilt werden."

Carol Povey, Direktor der "National Autistic Society's Centre for Autism", sagte: "Das ist ein sehr wichtiges Ergebnis und Forschungen wie diese sind entscheidend, wenn wir Präventionsstrategien entwickeln wollen." Man müsse aber immer beachten, dass diese und frühere Forschungen gezeigt hätten, dass die überwiegende Mehrheit der Personen mit Autismus gesetzestreu ist und die Regeln der Gesellschaft respektiert.

Die Ergebnisse bestätigten nochmals die Wichtigkeit, "dass Menschen mit Autismus die Unterstützung, die sie brauchen, so früh wie möglich bekommen", erklärte Povey abschließend.

http://www.tonline.de/nachrichten/wissen/id_69528722/stu die-der-universitaet-glasgow-was-menschen-zu- massenmoerdern-macht.html

I. Problemstellung

Grausamkeit und Erbarmungslosigkeit kennzeichnen gerade Serienmörder als vermeintliche Unmenschen, die Unheil über ihre Mitmenschen bringen, Leben auslöschen. Und gerade deshalb rücken sie in den Blickpunkt des öffentlichen Interesses. Sie inszenieren ein Drama, an dem nur sie selbst freiwillig teilnehmen. Auch wenn es kaum jemand wahrnimmt, sie kommunizieren mit uns. Aufgeführt wird immer dasselbe Stück: die Verstümmelung der Humanität und ihrer Spielregeln.

Serienmorde beunruhigen nicht nur die Bevölkerung in besonderem Maße, sondern erfordern regelmäßig auch einen kriminalistischen Kraftakt. Die unbestreitbaren strategischen und logistischen, vor allem aber auch erkenntnistheoretischen Probleme bei der Fallbearbeitung können an konkreten Zahlen abgelesen werden: Die polizeiliche Aufklärungsquote liegt bei Serienmorden allgemein bei etwa 82 Prozent und bleibt damit spürbar unter den Vergleichszahlen der Polizeilichen Kriminalstatistik für die Gesamtheit aller Tötungsdelikte, die sich bekanntlich im statistischen Mittel zwischen 90 und 95 Prozent bewegt. Bei seriellen Sexualmorden beträgt die Aufklärungsquote sogar lediglich knapp 72 Prozent. Relativiert wird der kriminalistische Erfolg indes durch die bescheidene Verurteilungsquote von unter 65 Prozent. Die Täter verüben in Deutschland durchschnittlich sechs Tötungsdelikte, bevor sie endlich überführt werden können, der Fahndungserfolg stellt sich erst nach etwa dreieinhalb Jahren ein. Würde man die bisher erkannten,

47

aber nicht aufgeklärten Serienmorde berücksichtigen, es ergäben sich wesentlich unerfreulichere statistische Befunde. Erwähnung verdient ebenfalls der Umstand, dass lediglich jede zweite Mordserie als solche auch erkannt wird.

Tab. 1: Synopse Einmal- und Serienmörder 5

Diese durchaus verbesserungswürdige Bilanz resultiert im Wesentlichen aus spezifischen Aufdeckungsbarrieren, die gerade bei Serienmorden immer wieder zu beobachten sind. Mittel und Methoden, die sich in anderen Todesermittlungsverfahren über Jahrzehnte hinweg bewährt haben, erweisen sich bei diesem Tätertyp häufig als unbrauchbar. Schon eine auf bestimmte Items beschränkte Synopse von Einmal- und Serienmördern macht deutlich, dass Kriminalisten es mit einer spezifischen Täterklientel zu tun bekommen (Tabelle 1) und allgemeine kriminalistisch-kriminologische Erfahrungswerte nur bedingt anwendbar sind. Die je nach Motivlage und Tätertyp variierenden besonderen Problemstellungen bei der Bearbeitung von Serienmord-Fällen transparent zu machen und kasuistisch zu unterlegen, ist Anliegen dieses Beitrags.

II. Kriminalphänomenologie

Den Endpunkt der Genese zum Serienmörder kennzeichnet in etwa neun von zehn Fällen eine gravierende Persönlichkeitsstörung. Charaktereigenschaften werden in der Regel erst dann unter diesem Fachbegriff eingeordnet, wenn die Betroffenen erkennen lassen, dass sie auf diese Eigenschaft(en) fixiert sind und zugleich deutlich darunter leiden, oder wenn die soziale Abweichung ein solches Ausmaß erreicht, dass das Umfeld sich davon beeinträchtigt fühlt. Konkret ist entweder das Beziehungserleben oder das Sozialverhalten oder beides erheblich gestört. Bei Serien-Sexualmördern liegt zudem regelmäßig auch mindestens eine Perversion vor. Die Psychopathie ist allerdings gerade bei diesem Tätertyp ein überaus vielschichtiges und vielgesichtiges

48

Krankheitsbild. Sie wird in all ihren Erscheinungsformen vornehmlich geprägt von Erbanlangen, der frühkindlichen Entwicklung, der Erziehung, aber ebenso durch die Wechselwirkung von ungewöhnlichem Charakter und der Reaktion seiner Umgebung. Bei eigenen Untersuchungen an 52 Probanden (Tabelle 2) kam heraus, dass das Charakterprofil der Täter bunt gemischt ist und keine generalisierende Aussage zulässt. Die brisantesten und häufigsten Charakterzüge sind emotionale Labilität, Gemütsarmut, egoistisch-egozentrische Grundhaltungen, geringe Frustrationstoleranz, eingeschränkte Impulskontrolle und Minderwertigkeitsgefühle. Allerdings lässt sich auch hier kein idealtypisches Charakterbild herausfiltern.

Tab. 2: Persönlichkeitsstörungen bei Serienmördern (n = 52)

Deshalb wäre es vermessen, bestimmten Persönlichkeitsmerkmalen eine verbrechensrelevante Kausalität unterstellen zu wollen. Insofern besteht auch keine gesicherte Möglichkeit, einem gesuchten unbekannten Täter bestimmte, gerade ihn zutreffend charakterisierende fahndungsrelevante Merkmale zuzuschreiben.
Auch bei Störungen der Sexualpräferenz (Tabelle 3) ergibt sich überwiegend kein einheitliches Verhaltensprofil. Zu finden sind nahezu sämtliche Formen sexueller Devianzen. In den meisten Fällen liegen allerdings gleich mehrere Perversionen vor, von denen aber keine im Vordergrund steht. Dominant ist hier die Kombination von Sadismus und Fetischismus, wobei mitunter lediglich Tendenzen sichtbar werden.
Der ganz überwiegende Teil der Serienmörder fällt bereits vor dem ersten Tötungsdelikt durch wiederholte Normverletzungen auf. Man könnte in diesem Zusammenhang eine Deliktsperseveranz erwarten, das wäre durchaus logisch und plausibel. Doch das Gegenteil ist der Fall. Serienmörder lassen sich nicht auf eine bestimmte

49

Verbrechensform reduzieren, sie verüben vor ihren Morden überwiegend Straftaten, die eine gänzlich abweichende Zielrichtung haben. So dominieren beispielsweise bei multiplen Sexualmördern in erster Linie Vermögens- und Körperverletzungsdelikte als Vorstrafen, und eben nicht Sexualverbrechen. Diese deliktische Bandbreite ist dadurch zu erklären, dass Serientäter generell nur sehr eingeschränkt bereit sind, Normen und Werte einer Gesellschaft zu akzeptieren, vor allem aber zu respektieren. So ist zum Beispiel die Vergewaltigung eingebettet in eine allgemein verwahrloste oder kriminelle Einstellung. Sexualität wird mit Gewalt genommen, wie auch andere Bedürfnisse gewaltsam befriedigt werden. Je vielschichtiger das Verlangen, desto vielgestaltiger das Verbrechen.

Tab. 3: Abnorme sexuelle Präferenzen

III. Perseveranz

Grundsätzlich kann man zwei Typen von Serienmördern unterscheiden: jene, die konkret planen, sich vorbereiten, organisiert und strategisch agieren, und solche, die sich spontan zu einem Verbrechen animieren oder hinreißen lassen. Viele Serienmörder lassen sich bei der Auswahl ihrer Opfer überwiegend von pragmatischen Überlegungen leiten. Denn das sofortige, blitzartige und planlose Attackieren birgt unkalkulierbare Risiken und Gefahren: Das Tatgeschehen kann bei heftiger Gegenwehr eskalieren, Schreie des Opfers könnten gehört werden, ein ungestörter Tatverlauf bleibt ungewiss, der Begegnungsort erscheint zur Durchführung der Tat ungeeignet, es gibt kaum Erfolg versprechende Fluchtmöglichkeiten. Die Opfer werden daher in Dreivierteln der Fälle nicht sofort angegriffen und überwältigt. Vielmehr wird das Terrain zunächst sondiert, potenzielle Opfer werden taxiert, belauert, verfolgt und ausgespäht. Erst wenn der angehende Mörder ausreichende Kenntnisse und genügend Wissen erlangt hat, die auch aus vorheriger krimineller Erfahrung ableitbar sind und ein profitables Opferprofil herausgearbeitet worden ist, beginnt die konkrete Tatplanung. Sie umfasst bestimmte Vorgaben, von denen im Regelfall nicht abgewichen wird: Tatzeit, Tatort, Tatmittel, Tatablauf. Und das vielfach beliebig oder zufällig ausgewählte Opfer soll lediglich bestimmten Kriterien entsprechen: beispielsweise Kinder, junge Mädchen, Frauen, Prostituierte, Anhalterinnen oder ältere Menschen, die sich arglos und nicht selten (zu) sorglos oder vertrauensselig in einer unverfänglich und gefahrlos erscheinenden Situation umschmeicheln, überreden, einladen oder auf andere Art beeinflussen und an den späteren Tatort dirigieren lassen.

Obwohl die bis Mitte der 70er Jahre konsequent verfochtene Perseveranzhypothese in dieser stringenten und ausschließlichen Formulierung nunmehr als obsolet gilt, lehren uns einige in der jüngeren Vergangenheit verübte Serienmorde, dass sie noch immer zu beobachten ist: die Gleichförmigkeit in der Tatbegehungsweise, die unübersehbaren Übereinstimmungen, die mehrere Einzelfälle als Verbrechensserie erst erkennbar machen.

Fall 1: Der Berufsfachschüler Hans Dieter Sch. tötete in den Sommermonaten des Jahres 1985 in Bonn und Bochum drei junge Frauen. Die Leichenfundsituationen waren weitestgehend identisch. Alle Opfer fand man in einem Erdgrab, die Leichen waren hügelartig unter belaubten Ästen versteckt worden. Im Rahmen der Ermittlungen stieß man auf den 26-Jährigen. Er hatte das letzte Opfer gekannt, sich sogar an der Suchaktion beteiligt. Und er war bereits vorbestraft – wegen Mordes an einem jungen Mädchen zehn Jahre zuvor. Die Besonderheit dabei: Auch dieses Opfer war auf gleichartige Weise vergraben worden. Diese Parallelen brachten die Kriminalisten schließlich auf die richtige Spur.

Fall 2: Von November 1987 bis November 1990 fielen dem Grafiker Thomas H. in Hamburg und Buchholz drei Frauen zum Opfer. Dabei pflegte er eine stereotype Vorgehensweise. Er zwang seine Opfer mit Waffengewalt in

seinen Wagen, fuhr mit ihnen in seine Wohnung, fesselte, knebelte und vergewaltigte die Frauen, erwürgte oder erdrosselte sie und entsorgte die Leichen mit seinem Wagen. Bei der Überprüfung der im Bereich des wahrscheinlichsten Tatortes lebenden vorbestraften Sexualtäter stieß man auf H. Der Grund war eine Verurteilung wegen Freiheitsberaubung, verübt am 16. Januar 1988. Der Tathergang war denen der Morde sehr ähnlich gewesen. Unter Vorhalt eines Klappmessers hatte er eine 19-Jährige gezwungen, ihm in seine Wohnung zu folgen. Dort war die junge Frau gefesselt und anschließend vergewaltigt worden. Danach hatte H. sein Opfer allerdings freigelassen. Auch hier waren die sich ähnelnden Tatbegehungsweisen im Wesentlichen ausschlaggebend für den Ermittlungserfolg.
Tatsächlich spiegelt das Verhalten multipler Mörder in vielen Fällen eine Tendenz zu sich ähnelnden beziehungsweise übereinstimmenden Tatbegehungsweisen. Hierbei darf jedoch nicht in Vergessenheit geraten, dass es im Regelfall lediglich eine oder mehrere Tathandlungssequenz(en) sind, die auf denselben Täter hinweisen können. Dennoch erscheint diese Erkenntnis nicht generell geeignet, um eine zweifelsfreie Tat-Tat-Übereinstimmung annehmen zu können. Denn der Modus operandi ist ein kopfgesteuertes, erlerntes, dynamisches und jederzeit veränderbares Verhaltensmuster, das zudem von situativen Einflüssen vor, während und nach der Tat, aber insbesondere auch von der Intelligenz und den Lernerfahrungen des Täters gespeist und dominiert werden kann. Der Fall Mirko St. steht stellvertretend für eine Vielzahl von Serienmördern, die sich als lernfähig erweisen und auf äußere wie innere Einflüsse mit einem sich mitunter gravierend verändernden Tatverhalten reagieren. St. verübte in der Region Brandenburg in den Jahren 1983 und 1984 überwiegend an Knaben fünf vollendete sadistische Morde, in einem weiteren Fall überlebte das Opfer.
St. tötete zunächst einen 19-jährigen Mann durch Messerstiche, dem er zufällig in einem Park begegnet war. Allerdings war er nach dieser Tat regelrecht

enttäuscht, denn er hatte sein Ziel nicht erreicht – das Beobachten des „Übergangs in den Tod". Der damals 21-Jährige reflektierte das Tatgeschehen und legte sich eine neue Strategie zurecht. Das Opfer sollte nicht wieder ein Erwachsener sein, der sich wehren würde, der nicht ohne weiteres zu kontrollieren wäre; ein Kind sollte es treffen. Die Ziele: Risikominimierung, Gewährleistung einer ungestörten Tatausführung. St. hatte also dazugelernt.

Die folgende Tat entsprach dann auch schon eher seinen perversen Vorstellungen und Neigungen. Diesmal hatte er sein Opfer nicht überfallartig angegriffen und sofort zugestochen, sondern den Jungen zunächst im Halsbereich fixiert und an den Tatort geführt. Die Gegenwehr des an den Händen gefesselten Jungen beim Würgen hatte ihn aber irritiert. Wieder war der „Übergang in den Tod" nicht genau zu beobachten gewesen. Bei der üblichen Reflexion der Tat kam ihm die Idee, das nächste Opfer auf andere Art zu fesseln. Die zweite Tat offenbart noch einen weiteren Lerneffekt. Er hatte den Tod des Jungen – ähnlich wie bei dem Mord an dem 19-Jährigen – für nicht sicher gehalten. Die Lösung: ein Herzstich. Noch eine bedeutsame Abweichung zur ersten Tat.

Auch das dritte Verbrechen, ein Doppelmord an zwei Brüdern, hatte teilweise ein anderes Erscheinungsbild. Diesmal fesselte er die Opfer konsequenter, nämlich an Händen und Füßen. Sie sollten sich nicht wehren können. Deshalb mussten die Kinder auch besonders lange leiden. 75 Minuten vergingen: ausfragen, fotografieren, streicheln, schlagen, würgen, stechen. Und: Endlich hatte er den Würgevorgang ausgiebig beobachten können, den er immer wieder bewusst abbrach, um wenig später weitermachen zu können. Diese Tat ließ auch eine erhebliche Zunahme von Gewalt erkennen. Diesmal fügte er seinen Opfern multiple Stichverletzungen zu, setzte ferner einen Kehlschnitt. Das hatte es vorher nicht gegeben.

St. wurde mit der Zeit selbstbewusster. Hatte er früher Wohnsiedlungen als mögliche Tatorte kategorisch ausgeschlossen, so ging er nun bewusst ein höheres

53

Risiko ein. Sein fünftes Opfer suchte er nicht mehr in öffentlichen Parks oder Waldgebieten. Dies war ihm zu gefährlich geworden, die Ermittlungen der Kripo waren ihm nicht verborgen geblieben. Deshalb stellte St. potentiellen Opfern in einem aus seiner Sicht geeigneten Neubaugebiet nach und tötete dort einen Jungen im Keller eines Mehrfamilienhauses.

Schließlich lässt auch die letzte Tat eine weitere bedeutsame Veränderung des Modus operandi erkennen. St. verfolgte einen Jugendlichen zunächst bis zu dessen Wohnung und stieg erst einige Stunden später über eine Leiter in das Zimmer des Opfers ein, um es dort zu quälen und zu töten. Allerdings wehrte das Opfer sich heftig, St. musste flüchten. St. hatte seinen Modus operandi demnach durchgängig bewusst verändert oder war situativ gebunden von der ausgegebenen Marschroute abgewichen. Die überwiegende Zahl der Täter verhält sich genau so. An einer einmal angewandten Methodik wird nur dann konsequent festgehalten, wenn sie sich als erfolgreich und profitabel erweist.

Während bei planvoll agierenden Serienmördern in der Mehrzahl der Fälle Tendenzen zu einem perseveranten Verhalten festzustellen sind, fehlen diese Erkenntnismöglichkeiten bei eher spontan vorgetragenen Serientötungen. Diese Täter lassen eben kein strukturiertes Tatbild erkennen, der Modus operandi bei affektiv eingefärbten Serienmorden ist aus diesem Grund auch nur bedingt interpretierbar, in manchen Fällen sogar gänzlich unplausibel. Der Täter verhält sich gezwungenermaßen, er trifft spontane Entscheidungen, er agiert nicht, er reagiert. Charakteristisches Merkmal ist lediglich eine überbordende Gewaltanwendung, ein extremes Maß an Aggressivität, Motiv und Ursache hingegen bleiben genauso im Dunkeln wie die kaum zu schlussfolgernde Serientäterschaft.

Unter dem Aspekt der Perseveranz des Serienmörders sei auf eine weitere Besonderheit hingewiesen. Während etwa 90 Prozent der Täter einem Motiv beziehungsweise Motivbündel verhaftet bleiben, passieren immer wieder einmal Fälle, die sich über diese Blaupause nicht oder nicht in ihrem vollen Ausmaß als Mordserie verifizieren lassen. Der Malergehilfe Thomas R. beispielsweise tötete von 1983 bis 1995 in Berlin sieben Opfer. In dieser Zeit war den Ermittlungsbehörden gänzlich verborgen geblieben, dass einer der gefährlichsten Serienmörder der Nachkriegsgeschichte in der Stadt wütete. Neben einigen kriminalistischen Pannen (so wurde zum Beispiel ein Mord als Unglücksfall zu den Akten gelegt) war es insbesondere der unorthodox erscheinende motivische Hintergrund der Taten, der eine Serientäterschaft eher unwahrscheinlich machte: R. verübte vier Sexualmorde, zwei Raubmorde, überdies tötete er seinen Stiefvater nach einem Streit. In solchen Fällen stoßen auch erfahrene Todesermittler an ihre erkenntnistheoretischen Grenzen.

IV. *Sozialverhalten und Sozialkontrolle*

In vielen Fällen wird die abnorme Entwicklung der Täter durch erzieherisches Fehlverhalten begünstigt, manchmal sogar hervorgerufen. Überwiegend ist das Verhältnis zu beiden Erziehungsberechtigten erheblich belastet, ein facettenreiches Konfliktfeld tut sich auf. Emotionale Zurückweisung, allgemeine Vernachlässigung des Kindes und Prügelpädagogik sind die häufigsten Fehlerziehungsformen. Die späteren Täter werden so schon früh in eine Außenseiterposition gedrängt, ihre Existenz wird geprägt von Misstrauen und Misserfolgen, das Vertrauen in Menschen und Beziehungen geht weitestgehend verloren. Dafür jedoch müssen sie hautnah erfahren, dass sich ein Mittel besonders eignet, um Probleme zu lösen und sich durchzusetzen: Gewalt. Die mitunter verschrobenen Vorstellungen und handfesten Erfahrungen der eigenen Unzulänglichkeit bedingen ein sozial abweichendes Verhalten. Wer sich als anders oder gar abartig empfindet, scheut die Gemeinschaft. Denn dort drohen (vermeintliche) Entlarvung, Entmachtung, Enttäuschung und Erniedrigung – eine von vielen Tätern gemachte leidvolle Lebenserfahrung. Nicht wenigeNach der Internationalen Klassifikation psychischer Störungen (ICD 10) der Weltgesundheitsorganisation – es handelt

55

sich hierbei um klinisch-diagnostische Leitlinien – liegt in solchen Fällen „eine große Diskrepanz zwischen dem Verhalten und den geltenden sozialen Normen„ vor. Charakteristisch sind unter anderem: herzloses Unbeteiligtsein gegenüber den Gefühlen anderer; deutliche und andauernde Verantwortungslosigkeit und Missachtung sozialer Normen, Regeln und Verpflichtungen; Unvermögen zur Beibehaltung längerfristiger Beziehungen, aber keine Schwierigkeiten, Beziehungen einzugehen; sehr geringe Frustrationstoleranz und niedrige Schwelle für aggressives, auch gewalttätiges Verhalten. Solche Menschen können sich mit bestehenden Konventionen nicht abfinden, begehren auf, provozieren, lassen nur eigene Regeln gelten. So bekannte der dreifache Mörder Frank K. freimütig: „Ich kann nicht nach Regeln leben, die andere aufstellen. Dann muss derjenige sich zurückziehen. Zum Beispiel: Wenn ich besoffen Auto fahre, fahre ich besoffen Auto. Ist mir egal, ob es da ein Gesetz gibt oder nicht. Ich mach' das dann einfach. Über die Folgen denke ich gar nicht nach, ist doch egal. Auch wenn ich mit _Strafe_ rechnen muss: Ich mach' das, wozu ich Lust hab'.„ Es fehlt das soziale Verständnis und Bewusstsein. Überwiegend wird aus einer Einzelgängerposition heraus so agiert, manchmal spielen jedoch auch gruppendynamische Prozesse eine Rolle.

Hansjoachim W. überfiel, beraubte und tötete im Sommer 1985 binnen weniger Wochen in Berlin drei ältere Frauen. Schon als Jugendlicher ließ er sich zu Gewalttätigkeiten animieren. Warum er sich so verhalten hatte, begründete er so: „In dieser Gemeinschaft ging es für mich hauptsächlich darum, Anerkennung zu finden, Freunde, Menschen, die mich so akzeptierten wie ich war, deshalb und natürlich auch, weil ich keiner wohlhabenden Familie entstammte, nahm ich an Einbrüchen und _Raub_überfällen teil. Das Wie und Warum zählte für mich eigentlich nicht so sehr, wie aber sehr wohl, dass ich dazugehörte. Natürlich weiß ich heute, dass es nicht der richtige Weg, nicht die richtige Machart war, um das zu finden was ich eigentlich suchte. Aber es war die einzige Art *und Weise, mich zu behaupten."*

Unabhängig vom gezeigten Sozialverhalten wird etwa jeder zweite Täter von einem diffusen Offenbarungsdrang getrieben. Peter Kürten, der „Vampir von Düsseldorf", beschrieb seinen emotionalen Niedergang folgendermaßen: „Es kommt einmal ein Zeitpunkt auch bei dem schwersten Verbrecher, an dem er nicht mehr weiter kann. Er bricht eben seelisch zusammen. Das mag wohl hauptsächlich mitbestimmend gewesen sein, dass ich mich meiner Frau gegenüber offenbart habe."

Entweder wollen die Täter sich mit ihren <u>Verbrechen</u> brüsten oder suchen nach einem Weg, um seelischen Ballast loszuwerden. Während die Intention also durchaus variieren kann, ist das Ergebnis immer dasselbe: die Täter sprechen über ihre <u>Verbrechen</u>, offen oder symbolisch, vornehmlich im Familien- oder Freundeskreis. Besonders ärgerlich erscheint in diesem Zusammenhang der Umstand, dass eine Vielzahl von Tötungsdelikten gar nicht hätten passieren dürfen, wenn man den Tätern nur aufmerksam zugehört, ihnen geglaubt hätte oder aus ihren Selbstbekenntnissen Konsequenzen abgeleitet worden wären – eben ein Hinweis an die <u>Polizei</u>.

Die Reaktionen des sozialen Umfelds der Täter auf deren Selbstbekenntnisse waren durchaus unterschiedlich: sie wurden nicht ernst genommen, nicht verstanden, nicht richtig gedeutet, übersehen, übergangen, vergessen oder einfach verschwiegen. Verdrängung statt Verständnis.

Viele Kinder, Frauen und Männer könnten heute noch leben, wäre man den Tätern bei dem Versuch der eigenen Demaskierung nur behilflich gewesen. Auch bei seriellen Patiententötungen spielen spezifische Aufdeckungsbarrieren den Tätern in die Hände. Neben den generellen Anforderungen des Arzt- oder Pflegeberufs belasten die Mörder in Weiß vor allem Kommunikations- und Kooperationsprobleme am Arbeitsplatz, die zu besonderen Belastungssituationen führen. So war es auch bei Wolfgang L., der 1990 in einem Gütersloher Krankenhaus mindestens acht Frauen und zwei Männer durch Luftinjektionen tötete. „Ich wurde halt zu Leuten eher hingeschickt, die im Sterben lagen, weil ich der einzige

Mann in der Schicht war, weil das eben auch eine
körperlich sehr schwere Pflege war. Dann wurde ich da
reingeschickt: Mach' das mal. Du kannst das schon.„
Der damals 34-Jährige war der einzige Mann in einem Team
von Schwestern. Er wurde von vielen abgelehnt und
abgewiesen. Für die meisten Kollegen war L. einfach nur
laut oder brutal oder anbiedernd. Ein Mann fürs Grobe
eben, der in erster Linie die Leichen wegzuschaffen
hatte. Dafür schien er gut genug. Zu Partys oder anderen
privaten Gelegenheiten wurde L. grundsätzlich nicht
eingeladen. Um dennoch zu gefallen, war er gerne
gefällig, übernahm sogar klaglos Spät- und
Nachtschichten. Er wollte so aber auch für sich sein und
den unbequemen Kollegen aus dem Weg gehen.

Als sich die Todesfälle während seiner Schichten
auffällig häuften, schimpften sie ihn zynisch den
„Vollstrecker„. Eine seiner Kolleginnen berichtete in
der Gerichtsverhandlung: „Einmal sind drei Patienten in
einer Nacht gestorben. Das ist mein Trauma. Bei der
Übergabe hieß es, man hätte sie mit allem versorgt, was
man machen kann. Einer hatte einen schweren Herzinfarkt,
einer Nierenversagen seit mehreren Stunden, einer lag im
Koma. Am liebsten wäre ich weggelaufen. Dass man einen
solchen Patienten hat, kommt vor. Aber nicht gleich
drei, denen man nicht helfen kann. Wir haben darüber
geredet und gescherzt, um die Sache nicht zu sehr an uns
herankommen zu lassen. Wir haben Wolfgang gebeten, zu
uns zu kommen, um mal zu gucken. Das geht an den Rand
der psychischen und physischen Belastbarkeit, wenn man
von 22 Uhr bis 7 Uhr früh drei Sterbende betreuen muss.
Wir haben vor dem Bett eines Patienten gestanden, dessen
Pulsschläge immer schwächer werden. Wir haben uns
unterhalten, und ich habe zu ihm gesagt: Du hilfst mir
doch? Morgens wurde gesagt: Befehl ausgeführt. Matthias
hat das gesagt. Und wir haben darüber gelacht.„
L. hatte die Patienten kurzerhand getötet. „Der erste
Fall war ein Mann, der nach einem Schlaganfall zu lange
weg gewesen war. Er war nicht mehr ansprechbar. Es
wurden immer wieder Medikamente gegeben, die diese

Existenz verlängern sollten. Und irgendwann hatte ich da mal so eine blöde Spritze in der Hand. Der Mensch tat mir furchtbar leid, klar, aber ich konnte es nicht verhindern. Dann habe ich Luft injiziert. Ich bin rausgegangen, als ich die Luft injiziert hatte, bin aber relativ schnell wieder reingegangen, aber da war der Mensch schon tot."

Er versuchte sein eigenes Leiden zu beseitigen, indem er den vermeintlichen Verursacher des Leidens beseitigte: „Die Menschen taten mir sehr leid. Es waren eigentlich keine Motive, ich hatte keinen Grund, diese Menschen zu töten. Ich bin nie in ein Zimmer reingegangen mit dem Ziel: dieser Mensch stirbt. Niemals. Ich habe mir jedesmal vorgenommen: das war das letzte Mal, das passiert nicht wieder. Aber es lief dann immer völlig automatisiert ab."

Im Wesentlichen sind es vier Faktoren, die solche Tötungsspiralen erst möglich machen: das überwiegend tadellose berufliche Image der Täter, die Unvorstellbarkeit solcher Gräueltaten, die Angst der Klinik- oder Heimleitung vor einem Skandal in der Öffentlichkeit und die Furcht vor dem Ruin der eigenen beruflichen Karriere und strafrechtlichen Konsequenzen. Und genau das sind ideale Rahmenbedingungen, um arglose Opfer auch über einen längeren Zeitraum hinweg unerkannt oder unbehelligt töten zu können. Ob zusätzliche Qualitätskontrollen und Kontrollmechanismen die gravierenden Schwächen des sozialen Systems tatsächlich werden beseitigen können, bleibt abzuwarten.

Von den äußeren Umständen wesentlich mitbestimmt und begünstigt werden auch Serienverbrechen, die uns nicht nur besonders verwerflich, sondern überdies vollkommen unverständlich erscheinen - die Tötung von Neugeborenen. Die Vorstellung, dass auch Mütter hochgefährlich sein können, widerspricht unserem Lebensinteresse, unserer Lebenserfahrung.

Ein besonders tragisches Beispiel: Anfang August 2005 ging eine kollektive Erschütterung durch diese Republik, als alles herauskam. Denn solch ein Verbrechen wie das in Frankfurt an der Oder hatte es in der deutschen

Kriminalgeschichte noch nicht gegeben – neun tote Babys.
Neunmal hatte eine Mutter das eigene Kind kurz nach der
Geburt getötet, zwei Jungen und sieben Mädchen, erstmals
1988, letztmals im Jahre 1998. Die Leichen lagen in vier
Eimern, einem Wäschekorb sowie in einem Aquarium und
einer Kinderbadewanne, verstaut in Einkaufstüten,
Stoffbeuteln, Müllsäcken, einem Mantel. Zufällig waren
Verwandte in einer Garage hinter dem Elternhaus von
Sabine H. auf die sterblichen Überreste der Opfer
gestoßen.

Der Neonatizid wird meist von Frauen begangen, bei denen
eine erhebliche Persönlichkeitsproblematik besteht, etwa
fehlende Reife oder mangelnde Bewältigungsmechanismen.
Die Schwangerschaft wird geheim gehalten, aber auch vor
sich selbst geleugnet. Die Mütter kommen aus allen
sozialen Schichten, haben aber eins gemein: sie fühlen
sich mit der Schwangerschaft allein gelassen. Die
spätere Tötungshandlung ist eingebettet in eine extreme
Stresssituation, denn die meisten Täterinnen werden
infolge der vollkommen verdrängten Schwangerschaft von
der Geburt regelrecht überrascht. Und weil es keine
Schwangerschaft geben darf, können sich keine
Muttergefühle entwickeln, der Säugling wird konsequent
abgelehnt – mit tödlichen Konsequenzen.
Die Ursachen für derart schauderhafte _Verbrechen_ sind
nicht nur in einer Pathologie der Täterinnen zu suchen.
Erst das Zusammentreffen mehrerer Faktoren kann ein
solches Drama in Gang setzen. Beachtlich erscheinen
insbesondere die sozialen Bezüge, in denen die werdenden
Mütter leben und töten. Schließlich muss der Krisenfall
Schwangerschaft gerade vor dem sozialen Umfeld
verheimlicht werden. Auch hier wird eine soziale
Rahmenbedingung gesetzt, ohne die solche _Verbrechen_ gar
nicht passieren können. Hätte Sabine H. einen anderen
Mann geheiratet, hätte sie andere Schwiegereltern
gehabt, hätte sie einen Arzt aufgesucht, hätte sie sich
jemandem anvertrauen dürfen, hätte jemand genauer
hingeschaut, vermutlich hätte es überhaupt keine toten
Babys gegeben.

V. Viktimologie

Die kriminalistisch-kriminologische Erfahrung lehrt, dass der Tötung eines Menschen im Allgemeinen ein Konflikt vorauseilt. In etwa 80 Prozent der Fälle besteht zwischen Opfer und Täter eine für Kriminalisten nachvollziehbare und die Überführung des Täters begünstigende Vorbeziehung. Die übliche Ermittlungsstrategie, den Mörder im Familien-, Freundes- oder Bekanntenkreis beziehungsweise im beruflichen Umfeld des Opfers zu suchen, greift, hat sich in Tausenden von Fällen als erfolgreich erwiesen. Beim Mord in Serie hingegen liegen die Dinge anders. In 82 Prozent der Fälle, bei seriellen Sexualmorden sogar bei 89 Prozent der Taten, besteht keine vordeliktische Täter-Opfer-Beziehung. Gerade dieser Umstand erschwert die kriminalistische Fallbearbeitung.

Das Opfer gehört ebenso wie der Täter und sein soziales Umfeld zum Ursachenkomplex. Vielfach hängt es sogar von speziellen Eigenschaften des Opfers ab, ob es zu einer Tötung kommt. Grundsätzlich fällt es den Tätern leicht(er), einem fremden Menschen das Leben zu nehmen. Und das nicht ohne Grund, denn ein Unbekannter verfügt selten über Eigenschaften, denen der Täter Rechnung tragen müsste, die ihn hemmen könnten. Anonymität ist also eine wesentliche Vorbedingung, um sich als Täter präsentieren und inszenieren zu können.

Nicht selten hängt es vom Verhalten der ausgewählten oder attackierten Person ab, welchen Verlauf die Begegnung mit dem potenziellen Peiniger nimmt, ob sie überhaupt zum Opfer wird und die Tat in eine Tötungshandlung mündet. Auch beim sadistischen Tötungsakt ist das so. Eine ganze Reihe von Tätern berichtete übereinstimmend, dass die Opfer sich oftmals passiv und widerstandslos in ihr bitteres Schicksal gefügt hätten. So hatte beispielsweise auch das letzte Opfer des dreifachen Mädchenmörders Manfred W. kapituliert, seinen Mörder geradezu angefleht: „Mach' schnell, damit ich nicht so viel spüre!" Dass es sich nicht um bloße Wahrnehmungsverzerrungen der Täter gehandelt haben dürfte, belegt die Tatsache, dass in einer Vielzahl von Fällen keine Kampfspuren oder entsprechende Abwehrverletzungen bei den Opfern festgestellt werden konnten. Auch ließ sich dieses Verhalten nicht durchgängig aus der Persönlichkeit der Opfer herleiten. Was ist es dann?

Eine sexuelle Nötigung oder Vergewaltigung beinhaltet für das Opfer stets die Hoffnung, zumindest mit dem Leben davonzukommen. Der sadistische Tötungsakt hingegen ist ausschließlich auf die Qualen des Opfers gerichtet, der unvermeidlich erscheinende Tod kommt dann einer Erlösung gleich. Es geht dem Täter dabei ausschließlich um Bemächtigung, Entmenschlichung, Vernichtung. Sein todbringendes Ziel bleibt dem Opfer naturgemäß nicht verborgen. Schlimmer noch, dieses Wissen ist Voraussetzung für sein perverses Zeremoniell, er muss die Todesangst und Hilflosigkeit seines Opfers spüren und sehen können. Eine extrem menschenfeindliche Atmosphäre, die durch den Täter bewusst initiiert wird und das Opfer unvorbereitet in eine Horror-Welt katapultiert. Es erscheint schwer vorstellbar, was Menschen in solchen Situationen empfinden. Aber der Gedanke, das unmittelbare Erleben, einem Fremden bis zum drohenden qualvollen Tod bedingungslos ausgeliefert zu sein, dürfte tatsächlich dazu führen, dass das Opfer eine entwaffnende Wehrlosigkeit empfindet und sich wie paralysiert in sein Schicksal fügt.

Gelingt es dem Opfer hingegen, einen personalen oder emotionalen Bezug zum Täter herzustellen, könnte das drohende Unheil abgewendet werden. So berichtete zum Beispiel ein junges Mädchen, das von Manfred W. mit eindeutigen Absichten im Auto mitgenommen wurde und unbehelligt geblieben war, vor Gericht, sie sei gar nicht auf die Idee gekommen, vor diesem Mann Angst zu haben; er habe so unbeholfen und ängstlich gewirkt. Sie hatte ihn nämlich während der Fahrt in ein längeres Gespräch verwickelt und somit kein Gefühl der Passivität und Anonymität aufkommen lassen, das im Regelfall zwingende Vorbedingung für die Realisierung sadistischer

Phantasien ist.
Seriemörder erweisen sich in vielen Tatsituationen als höchst empfindsam, reagieren auf unerwartete, unerwünschte oder unpassende Verhaltensweisen und Äußerungen der Opfer mit Mäßigung. Unmittelbare Folge dieser speziellen Gestimmtheit ist ein auf den ersten Blick paradoxes Täterverhalten: Während einige Opfer einen qualvollen Tod finden, bleibt anderen Angegriffenen ein solches Schicksal erspart – obwohl auch in diesen Fällen ausreichend Zeit und Gelegenheit zur Tötung vorhanden gewesen wären.
Manfred St. gehört in diese Kategorie Serientäter, die von Fall zu Fall entscheiden. St. vergewaltigte und ermordete als 30-Jähriger Anfang der 90er Jahre im Ruhrgebiet zwei Frauen, wesentlich mehr Opfer ließ er entkommen. Warum er sich so verhalten hatte, erklärte er so: „Am Anfang ist mir schnell bewusst geworden, was ich tun wollte: vergewaltigen und töten. Aber wenn die Frauen mit mir sprachen, von Kindern erzählten oder mir anboten, sie zu küssen, wurde ich total unsicher und bin weg. Der Ablauf, den ich mir vorgestellt hatte (Gegenwehr, Schreien), trat nicht ein, und ich fühlte mich wie ein kleiner Feigling, der nur noch weg wollte.„
Auch der zweifache Mädchenmörder Ronny R. zeigte sich irritiert, als er ein weiteres Opfer missbrauchte, das Mädchen dabei aber plötzlich zu weinen begann: „Dadurch ist das ‚Programm‘ (gemeint ist ein bestimmter, vorphantasierter Tatablauf) irgendwie ins Stocken geraten. Die Tränen haben sie gerettet. Da habe ich gedacht: Das kannst du doch nicht machen. Die Tränen haben den Beschützerinstinkt in mir wachgerufen, mich an meine eigenen Kinder erinnert. Auf einmal sind mir so viele Gedanken durch den Kopf geschossen, dass ich aus dem Takt gekommen bin. Ich musste auch an früher denken, wie es mir selbst ergangen war. All das ist in meinem Kopf auf einmal durcheinander gewirbelt, und da stand für mich klipp und klar fest, dass ich sofort aufhören muss.„ Ein bestimmtes Opferverhalten kann also dazu führen, dass es den Tätern nicht gelingt, sich auf die Tat einzustimmen, ihre Tötungshemmung zu überwinden.

In diesem Kontext verdient folgender Umstand besondere Beachtung: nicht wenige Täter berichten, dass sie neben den vollendeten Tötungsdelikten eine Vielzahl von Versuchen unternommen hätten, um Opfer in ihre Gewalt zu bringen, es aber aus den unterschiedlichsten Gründen nicht zu einer Tat gekommen sei. Das Besondere dabei: in vielen Fällen gab es schon einen unmittelbaren Kontakt zwischen Noch-nicht-Täter und Beinahe-Opfer. Leider sind diese Erkenntnisse, vor alledem aber die hieraus resultierenden und überaus Erfolg versprechenden Ermittlungsansätze bisher nur in wenigen Fällen auch tatsächlich genutzt worden.

Ähnlich wie Patiententötungen sind auch serielle Beziehungsmorde rahmengebunden. Fast immer sind es Frauen, die sich in einer Sackgassensituation wähnen, keinen Ausweg mehr sehen und ihre Widersacher heimtückisch töten. Im Wesentlichen sind es drei Aspekte, die die Täterinnen immer wieder davonkommen lassen: ihr einwandfreier Leumund, eine spurenarme Tötungsart und Fehler bei der Leichenschau.

VI. Schlussbemerkungen

Die beschriebenen Aufdeckungsbarrieren kennzeichnen den Serienmord als eigenständigen Deliktsbereich, der das Sicherheitsgefühl der Bevölkerung in besonderem Maße beeinträchtigt und moderne kriminalistische Mittel und Methoden für eine erfolgreiche(re) Bekämpfung erforderlich macht. Daher erscheint es durchaus gerechtfertigt, dieser bisher kaum erforschten Gewaltform auch eingedenk ihrer statistisch eher marginalen Bedeutung dennoch eine wissenschaftliche Relevanz beizumessen. Den dargestellten Unwägbarkeiten bei der kriminalistischen Fallanalyse und Fallbearbeitung kann überwiegend wirksam begegnet werden - sofern ihnen Beachtung geschenkt wird. Eine interdisziplinäre Forschung tut Not, will man nicht zu leugnende Defizite beseitigen und künftigen Herausforderungen gerecht werden.

https://www.kriminalpolizei.de/ausgaben/2007/september/detailansicht-september/artikel/aufdeckungsbarrieren-bei-serienmorden.html

Es ist jenseits jeder Vorstellungskraft: Da tötet ein Mensch nicht ein Mal, sondern immer wieder, so lange, bis die Polizei ihn stoppt. Serienmörder wie Peter Kürten, Joachim Kroll oder Charles Manson, von denen jeder mindestens acht Menschen auf dem Gewissen hat – sind sie keine Menschen, sondern Bestien in Menschengestalt? Wir reagieren mit abgrundtiefem Entsetzen, aber gleichzeitig fesselt uns diese böse Seite im Menschen. Wie ist es möglich, dass ein Mensch zu so etwas fähig ist?

Serienmörder, Massenmörder, Rauschmörder

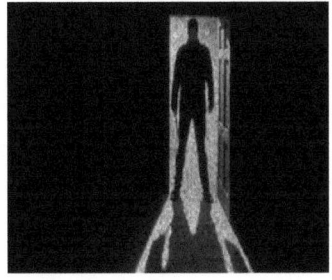

Serienmörder entsetzen und faszinieren zugleich

Noch bis in die 1980er Jahre hinein unterschieden Statistiker nicht zwischen Amokläufern und Serienmördern wie Fritz Haarmann, der von 1918 bis 1926 mindestens 26 junge Männer in Hannover ermordete und teilweise ihr Blut trank. Heute sind die Definitionen klar.

Massenmörder, dazu gehören auch Amokläufer, töten während einer Tat am gleichen Ort vier oder mehr Personen. Serienmörder ermorden mindestens drei Menschen, wobei die Taten durch unterschiedliche Orte und Zeitpunkte klar voneinander abgegrenzt sind. Das schließt aber nicht aus, dass ein Serienmörder während einer Tat mehrere Opfer umbringt. Eine dritte Kategorie bildet der sogenannte Rauschmörder, der mindestens drei Menschen an unterschiedlichen Orten, aber in kurzem zeitlichem Abstand umbringt.

Fritz Haarmann, der "Vampir von Hannover"

Rausch- und Massenmörder suchen sich in der Regel ihre Opfer nicht gezielt aus, während der Serienmörder meist ein grobes Opfer-Schema im Kopf hat (zum Beispiel junge Frauen oder kleine Jungen) oder sich sogar gezielt eine bestimmte Person aussucht.

Sechs Morde bis zur Festnahme

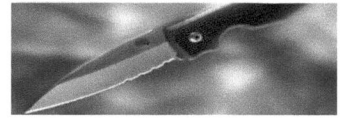

Wenn der Täter die Mordwaffe wechselt, hat es die Polizei schwer

Den typischen Serienmörder gibt es nicht. Deswegen erweist sich die Suche nach ihnen in der Regel als extrem schwierig. Manchmal erkennen die Fahnder zunächst auch gar nicht, dass der gleiche Täter hinter mehreren Verbrechen steckt, weil der "Modus Operandi", so wird in Fachkreisen das Tatmuster des Verbrechens genannt, nicht übereinstimmt. Manche Täter wechseln zum Beispiel absichtlich die Tatwaffe, um es den Fahndern zu erschweren, einen Zusammenhang zu erkennen. Oder sie wechseln die Opfertypen.

Erschwerend kommt hinzu, dass der Täter in acht von zehn Fällen das Opfer nicht kannte. Außerdem leben viele Serienmörder sozial isoliert oder sie verbergen geschickt ihre Taten vor Freunden und Familie. Das alles führt dazu, dass durchschnittlich dreieinhalb Jahre vergehen, bevor die Polizei einen Täter fassen kann. Nach einer Statistik des Kriminalhauptkommissars Stephan Harbort kann ein Serientäter in diesem Zeitraum durchschnittlich sechs Morde begehen.

Bei der Fahndung sollen psychologische Täterprofile helfen. Durch das Verhalten am Tatort versuchen Ermittler auf den Charakter des Mörders zu schließen. Um Mordserien schnell auf die Spur zu kommen, benutzt das Bundeskriminalamt das in Kanada entwickelte Datenbanksystem VICLAS ("Violent Crime Linkage Analysis System"). Die Ermittler füllen bei jeder Tat einen Bogen mit 168 Fragen zu Täter, Opfer, Tathergang, benutzten Waffen oder Fahrzeugen aus. Das System soll so einen Zusammenhang zwischen einzelnen Taten erkennen und im Idealfall einen bereits bekannten oder rückfälligen Serienmörder entlarven.

Männlich, deutsch, kinderlos

Einsame Feldwege - ideal für Serienmörder

Auch wenn es den typischen Serienmörder nicht gibt, kann man grundsätzlich zwei Typen unterscheiden: Der eine Täter plant den Mord genau, bespitzelt sein Opfer im Vorfeld und nimmt entsprechende Waffen mit. Der andere mordet spontan, weil ihn die Situation dazu verleitet. Das kann ein Streit sein oder aber auch ein junges Mädchen, das zufällig alleine an einem Waldstück entlangradelt.

Stephan Harbort beschäftigt sich seit vielen Jahren mit

67

Serienmorden und hat alle in Deutschland bekannten Fälle von 1945 bis 2000 statistisch erfasst. Demnach lassen sich, obwohl jeder Mörder für sich steht, einige gemeinsame Merkmale feststellen: Drei von vier Tätern sind männliche Deutsche, zwischen 18 und 39 Jahren alt, ledig oder geschieden, kinderlos und unterdurchschnittlich oder durchschnittlich intelligent. Die meisten haben nur einen Sonder- oder Hauptschulabschluss, arbeiten als Handwerker oder sind arbeitslos. Sie gelten als soziale Außenseiter und sind vorbestraft oder polizeibekannt. Allerdings gibt Harbort zu bedenken, dass dieses Täterprofil in der Regel auch auf Einfachmörder zutrifft. Diese unterscheide aber vom Serienmörder die Persönlichkeitsstruktur und das Motiv.

Fast alle Serienmörder haben eine ausgeprägte Persönlichkeitsstörung. Sie sind emotional labil, verantwortungslos, egozentrisch und leiden unter Minderwertigkeitsgefühlen. Viele waren als Kind selbst Opfer von emotionaler Kälte, Gewalt oder Missbrauch und haben diese Erlebnisse nie verarbeiten können. Allerdings entwickelt sich nicht aus jedem traumatisierten Kind ein Serienmörder und nicht jeder Serienmörder hat ein Kindheitstrauma. Die Kette von Faktoren ist so individuell wie jeder Mensch auch. Gemeinsamkeiten ergeben sich aber bei der Frage, warum es nicht bei einem Mord bleibt. Laut Harbort werden die psychischen, sexuellen, emotionalen, finanziellen, sozialen oder anderen Probleme, die den Täter zum Mord treiben, durch die Tat nur vorübergehend gemildert. Grundsätzlich bleiben sie aber ungelöst und rufen deswegen einen neuen Mord hervor.

Sexualmörder, Raubmörder, Beziehungsmörder

Beziehungsmörder verwenden oft Gift

Auch auf die Frage nach den Motiven gibt es keine pauschale Antwort. Annähern kann man sich ihr jedoch, wenn man einen Blick auf die fünf verschiedenen Typen von Serienmördern wirft:

Sexualmörder bilden die größte Gruppe innerhalb der Serienmörder. 75 Prozent der Serienmorde haben ein sexuelles Motiv. Die Täter, fast ausschließlich Männer, können sich nur Befriedigung verschaffen, wenn sie ihr Opfer vergewaltigen und schließlich töten. Meist wurden sie als Kind selbst missbraucht und quälten schon früh Tiere oder fielen als Brandstifter auf. Zwischen ihrem 16. und 24. Lebensjahr begehen Sexualmörder im Durchschnitt ihren ersten Mord - oft im Affekt nach einer Vergewaltigung. Normale Beziehungen können sie in der Regel nicht führen.

Dem Raubmörder ist sein Opfer schlicht im Weg. Sein Ziel ist die eigene Bereicherung, auch wenn dafür ein Mensch sterben muss. Die Gefühle der Opfer und Angehörigen sind ihm egal, da er ein sehr geringes Maß an Einfühlungsvermögen besitzt.

Beziehungsmörder töten ausschließlich in ihrem näheren Umfeld. Sie ermorden den eigenen Mann, die Schwiegermutter, die Tochter. Die Gründe dafür sind vielschichtig: Die Täter wollen sich vorzeitig das Erbe sichern, der Ehemann stört die neue Beziehung der Frau oder die Schwiegermutter meckert zu viel. Beziehungsmorde werden besonders häufig von Frauen begangen, die Gift ins Essen mischen oder ihre Opfer ersticken. Zwischenmenschliche Probleme können Beziehungsmörder nur auf eine Art lösen: indem sie töten.

Gesinnungsmörder und Veranlagungsmörder

Gesinnungsmörder haben ideologische oder religiöse Motive. Sie verschaffen sich durch die Morde keine persönlichen Vorteile, sondern meinen, ihren Mitmenschen oder etwas Höherem einen Dienst zu erweisen. Zu dieser Gruppe gehören Ärzte und Pfleger, die ihre Patienten töten, "erlösen", wie sie meinen. Gesinnungsmörder sind besonders schwierig zu überführen, weil ihre Morde manchmal kein Muster erkennen lassen. Bei Ärzten und Pflegern schöpft zudem oft niemand Verdacht, da in einem Krankenhaus, gerade auf einer Intensivstation, viele Menschen sterben. So können Gesinnungsmörder im Schnitt 17 Mal morden, bis die Polizei ihnen auf die Schliche kommt.

Ebenso schwierig sind Veranlagungsmörder zu fassen, weil ihre Taten nicht direkt zusammenhängen. Sie haben nicht nur ein Motiv, sondern mehrere. Mal brauchen sie Geld, mal wollen sie sich rächen, mal nervt jemand einfach nur. "Wenn ich ein Problem hatte, habe ich es auf meine Weise gelöst", hat ein Veranlagungsmörder Stephan Harbort in einem Interview erzählt. Zu dieser Gruppe gehören auch Auftragsmörder. Sie töten gegen Bezahlung.

https://www.planet-wissen.de/gesellschaft/verbrechen/serienmoerder/index.html20. Mai 2016, 12:38 Uhr

Kriminalität

Der sozial integrierte Serienmörder ist kein Widerspruch

Sechs brutale Morde soll Manfred S. aus Schwalbach begangen haben, dabei galt er als sehr umgänglich. Für forensische Psychiater ist das durchaus plausibel.

Von Christoph Behrens

Er habe sich gefühlt "wie Gott", schrieb der Mörder, ausgestattet mit der "Macht, Leben zu geben oder zu nehmen". Dieses "Gefühl der Überlegenheit" habe er genossen. Diese Erklärung eines Serienmörders entlockten ihm US-Psychiater in den 1990er Jahren nach seiner Verhaftung. Nach einem ersten hatte der Mann zwei weitere Morde begangen. "Eine Überlegenheit, die ich nie zuvor gekannt hatte", notierte der Täter.

Auch über Manfred S. aus dem hessischen Schwalbach gibt es nun solche Überlegungen. Mehrere Jahrzehnte lang soll der inzwischen verstorbene Landschaftsgärtner sechs Morde begangen haben, vermutet die Polizei. Die meisten Opfer sollen als Prostituierte in Frankfurt gearbeitet haben. Ebenso gehen die Ermittler Hinweisen nach, dass der mutmaßliche Serienmörder 1998 den damals 13-jährigen Tristan entführt, verstümmelt und getötet hat. Die "grausame Vorgehensweise" passe ins Muster der Serie.

Das Muster ist von anderen Tätern bekannt

Dabei deutete bei dem 2014 verstorbenen Manfred S. nichts auf eine derartige Brutalität hin. Nach allem was man weiß, führte der Mann ein ruhiges Leben, war verheiratet und hatte eine Tochter. Den Nachbarn galt er als umgänglich. Gerade diese Unauffälligkeit überrascht den forensischen Psychiater Norbert Nedopil nicht. "Die meisten Serienmörder haben eine familiäre Anbindung, sind beruflich und sozial integriert", sagt der Wissenschaftler von der Universität München. Zwar seien viele Serienmörder eher Einzelgänger, achteten aber

zugleich darauf, nicht aufzufallen. Eine gewisse soziale
Integration sei geradezu die Voraussetzung dafür, über
Jahre Morde zu begehen und dabei unentdeckt zu bleiben,
sagt Nedopil. Dieses Muster sei auch von anderen
sadistisch motivierten Tätern bekannt, etwa Josef Fritzl
oder Wolfgang Přiklopil. Beide hielten jahrelang Frauen
in ihren Kellern gefangen, ohne dass ihre Nachbarn etwas
davon mitbekamen. "Es gibt Leute", sagt Nedopil, "die
leben ein Doppelleben und repräsentieren nach außen
etwas völlig anderes als das, was innen vorgeht."

Doch was ging im Kopf von Manfred S. vor? Psychiater
Nedopil hat als Gutachter schon Mehrfachtäter wie den
siebenfachen Frauenmörder Volker Eckert psychologisch
beurteilt, er unterscheidet im Kern vier Motive für
derartige Taten. Demnach töten Serienmörder

- aus sexuellen Motiven heraus, etwa um bestimmte
  sadistische Vorlieben auszuleben.
- wegen einer narzisstischen Kränkung, zum Beispiel
  weil jemand es nicht erträgt, beleidigt zu werden,
  und sich rächt.
- aus einer beruflichen Machtposition heraus, zum
  Beispiel ein Krankenpfleger, der eigenmächtig über
  Leben und Tod von kranken Menschen entscheiden
  will.
- wegen Geld - zu dieser letzten Gruppe zählen
  Berufskriminelle oder Auftragsmörder.

Manfred S. soll, nach dem bisherigen Ermittlungsstand zu
urteilen, zur Gruppe der sexuell und sadistisch
motivierten Täter gehören. Dafür spricht etwa, dass er
sogenannte Trophäen von seinen Taten mitgenommen haben
soll - den Frauenleichen fehlten teilweise einzelne
Körperteile. Eine Untersuchung von Psychiatern der
Universität _Virginia_ ergab, dass zwei Drittel aller
sexuell sadistischen Serienmörder dieses Verhalten
zeigen, und getöteten Frauen etwa eine Locke abschneiden
und mitnehmen. Der Mord werde zur Grundlage für weitere
Fantasien, die sich später im Kopf abspielen, das
Erinnerungsstück verstärke die Erregung der Täter. Die

Forscher aus Virginia haben die Taten von 20 ähnlich veranlagten Serienmördern untersucht. Meist haben sie äußerste Grausamkeit gemein, die Folter der Opfer, eine sehr genaue Planung. Der US-Verhaltenswissenschaftler Park Dietz schreibt, dass die meisten Mörder ihre Opfer erwürgen oder erstechen. Das sorge für eine "Intimität", die Täter anstreben, die sexuell motiviert sind. Für zentral halten Forscher bei Serienmördern den Wunsch nach Kontrolle und Überlegenheit.

Vermutlich lässt sich das mit einem Gefühl der Ohnmacht in anderen Bereichen des Lebens erklären. "Viele fühlen sich im Leben zu kurz gekommen, etwa bei Frauen oder im Beruf", sagt Nedopil. Der Psychiater Robert Brittain hat in den 1960er Jahren als einer der ersten Forscher Serienmörder analysiert. Viele der Täter fühlten sich sexuell unterlegen, seien häufig impotent, hätten aber eine sehr reichhaltige Fantasie, schreibt Brittain. Bevor ein Mord tatsächlich passiere, habe sich die Tat oft schon im Kopf abgespielt. Psychologen aus Arizona haben mit Jugendlichen lange Gespräche geführt, die angegeben hatten, von gewalttätigen Gedanken besessen zu sein. Viele wurden selbst in ihrer Kindheit missbraucht oder misshandelt. Die Wissenschaftler vermuten, dass sich die beschriebenen Gewalt-Fantasien bereits meist während der Pubertät ausbilden und jahrelang verstärken, bevor es zu einer ersten Tat kommt.

Insgesamt sehr wenige Fälle

Auch wenn ein Fall wie der von Manfred S. für die Öffentlichkeit schockierend ist, seien derartige Taten äußerst selten, sagt Norbert Nedopil. Der Psychiater geht für Deutschland von weniger als einem Serienmord pro Jahr aus. Die allermeisten Taten würden zudem aufgeklärt. Mittlerweile haben Polizeibehörden spezielle Strukturen aufgebaut, um nach Serienmördern zu fahnden, in München etwa die "Operative Fallanalyse" (OFA). Als 2011 nach zehnjähriger Fahndung der sogenannte "Maskenmann" Martin N. gefasst wurde, dem mindestens drei Morde an Kindern zur Last gelegt werden, war das auch der Arbeit der Profiler der Polizei zu verdanken, die ein detailliertes psychologisches Profil des Täters erarbeitet hatten.

In einem Aufruf an die Öffentlichkeit stellten die Ermittler klar, dass man nicht nach einem mysteriösen "schwarzen Mann" fahnde - in dieser Verkleidung hatte der Täter sich in Jugendheime eingeschlichen -, sondern nach einem im Alltag umgänglichen, netten Menschen, der im Umfeld von Jugendfreizeiten Kontakt zu Jungen sucht. "Wir wollten ihn entmonstern", erklärte damals Hauptkommissar Uwe Jordan. Diese Strategie ging auf, der Hinweis eines Zeugen führte zur Verhaftung des Mannes. Dabei hatten Nachbarn ihn als "sozial unauffällig, nett, akkurat und intelligent" beschrieben.

http://www.sueddeutsche.de/wissen/kriminalitaet-der-sozial-integrierte-serienmoerder-ist-kein-widerspruch-1.3000178 Wie ticken Serienkiller? Psychologen nähern sich der dunklen Seite des Menschen Aufruf 09/2017

•

V.

Manchmal siegt das Böse im Menschen
von: Bas Kast 10.03.2005 17:17 Uhr

Das Böse ist immer und überall. Es ragt hervor aus der Geschichte, aus den Nachrichten, es steht an der Straßenecke. Manchmal hat es einen Namen, ein Gesicht, wie etwa das von Martin Prinz.

FRANKFURT. Das Morden des Martin Prinz begann am 13. Oktober 1994, in Regensburg. Erst betete der 18-Jährige mit seinem Vater in der Kirche. Dann lauerte er dem elfjährigen Ministranten Tobias H. auf, stürzte sich auf ihn, riss ihm die Hose auf. Prinz stach mit einem Butterfly-Messer auf sein Opfer ein. Siebzig Mal. Minutenlang.

Zehn Jahre später. Martin Prinz hat inzwischen gestanden, im Alter von 16 Jahren einen Jungen missbraucht zu haben. Nach über neun Jahren Haft, nach fünf gescheiterten Therapieversuchen, nach psychologischen Gutachten, die untermauern, dass er an einer gravierenden Persönlichkeitsstörung leidet, kommt Prinz auf freien Fuß. Erneut mordet er. Vor drei Wochen, am 17. Februar, lockt er den neunjährigen Peter A. in München in sein Auto und führt den Jungen zu seinem Zimmer im Sozialwohnheim. Prinz missbraucht Peter. Dann bringt er ihn um.

Das Böse ist eigentlich eine moralische Kategorie, keine wissenschaftliche. Angesichts eines bestimmten Verbrechertypus greift jedoch manch Kriminalpsychologe darauf zurück: „Wir sprechen über Menschen, die erschütternde Taten begehen, und zwar wiederholt. Die wissen, was sie tun", zitierte unlängst die „New York Times" den Psychiater Michael Stone. Er untersuchte die Lebensläufe von über 500 Schwerverbrechern und erstellte eine „Skala der Grausamkeit", um Richtern die Arbeit zu

75

erleichtern: Wann ist eine Tat als gemein, niederträchtig, böse oder besonders böse zu bewerten?

Aus der Masse der Verbrecher ragt ein Typus empor: Kaltblütige Killer, die ihre Opfer mit oberflächlichem Charme einlullen, zugleich aber planerisch, gefühl- und absolut gewissenlos vorgehen. Der Fachterminus für diese Menschen: „Soziopath". Zeigt man Testpersonen neutrale Wörter wie „Tisch" und im Vergleich dazu Begriffe wie „verstümmeln" oder „Spaß", reagiert das Hirn stärker auf die gefühlsbetonten Wörter – das zeigt die Messung der Hirnströme. Für Soziopathen dagegen ist alles einerlei: Ob „Tisch" oder „verstümmeln" – ihr Gehirn verarbeitet beide Wörter gleich.

Der Hirnforscher Adrian Raine legte 21 Soziopathen in einen Kernspintomographen und fand heraus: Das Stirnhirn (Präfrontalcortex) war bei ihnen um elf bis 14 Prozent geschrumpft. In dieser Hirnregion sind unser ethisches Empfinden, unser Gefühl für Gut und Böse sowie unser Einfühlungsvermögen angesiedelt. Das Hirn des Soziopathen ist buchstäblich enthemmt. Weitere Hirnteile sind betroffen, wie der Mandelkern. Diese Struktur wird auch als „Angstzentrum" bezeichnet. Bei Soziopathen ist der Mandelkern chronisch untererregt: Angst ist für sie ein Fremdwort.

Auch wenn viele Experten nach wie vor skeptisch sind, ob man das Wort „böse" in den Mund nehmen sollte, in einem Punkt herrscht Konsens: Soziopathen sind so gut wie behandlungsresistent. Am kanadischen Gefängnis Oak Ridge startete man in den 60er Jahren ein Programm, in dem Verbrecher aller Art therapiert wurden. Während die Rückfälligkeit gewöhnlicher Krimineller sank, entfalteten die Psycho-Sitzungen bei Soziopathen den gegenteiligen Effekt: Sie begingen mehr Straftaten als vorher. Psychologen vermuten, dass den Soziopathen die Einsichten aus der Therapie helfen, ihre Opfer noch besser zu manipulieren.

Soziopathen wirken kaltblütig, einerseits. Anderseits können sie charmant auftreten und „durchaus Freude empfinden", wie der US-Psychiater Frank Ochberg sagt. Einige von ihnen sind Sadisten: Es bereitet ihnen Vergnügen, anderen Schmerzen zuzufügen

„Sexuelle Sadisten", sagt Thomas Müller, Profiler und Buchautor („Bestie Mensch"), „sind nach derzeitigem Kenntnisstand nicht therapierbar." Was sie antreibt, seien nicht die Schmerzen oder der Tod des Opfers, sondern Kontrolle und Macht. Wir alle versuchen, herauszuragen, wollen besser sein als andere. Müller: „Manche aber können sich nur erhöhen, indem sie andere erniedrigen."

Mitte der 90er Jahre hat sich der Profiler auch mit dem Fall Martin Prinz beschäftigt und dessen Mord am Ministranten Tobias. Der Tatort-Spezialist kam damals zum Schluss, dass die kriminelle Karriere von Prinz längst nicht zu Ende sei: „Ich hielt ihn für eine tickende Zeitbombe."

Frankfurt/Tagesspiegel**http://www.handelsblatt.com/panora ma/aus-aller-welt/wie-ticken-serienkiller-psychologen-naehern-sich-der-dunklen-seite-des-menschen-manchmal-siegt-das-boese-im-menschen/2483082.html**

IV.

Psychopathen und Serienkiller: Das »herzlose Böse«

Veröffentlicht: 06/03/2014 10:54 CET Aktualisiert: 06/05/2014 11:12 CES

Ob in der Mythologie, in der Literatur, im Kino oder im Fernsehen - seit jeher ist das Böse in diesen Bereichen allgegenwärtig. Oft stellt allerdings die Realität jede Fiktion in den Schatten.

Schauen Sie sich nur dieses Foto an: Ein smarter junger Mann mit fein geschnittenen Gesichtszügen. Einer, mit dem man gerne mal einen Kaffee trinken würde. Doch dieser Kaffee könnte Ihr letzter sein!

© *www.7criminalminds.blogspot.de*

Der Mann auf dem Foto ist Ted Bundy, einer der gefährlichsten psychopathischen Serienkiller weltweit. Bundy hatte zunächst ein ganz normales Leben geführt: Er schloss 1965 die Highschool ab, studierte Psychologie

und engagierte sich politisch für die Republikaner. In den siebziger Jahren kam dann die Wende: Der attraktive und charmante Bundy begann seine blutige Reise durch die USA. Er vergewaltigte, folterte, strangulierte und zerstückelte etwa 30 Frauen - vielleicht auch mehr. Selbst für seine Anwältin war er »die Verkörperung des herzlosen Bösen«.

Das Böse hat viele Gesichter und lauert nicht selten hinter einer schönen Fassade. Aber was genau ist eigentlich das Böse? Ist es uns angeboren oder machen uns erst die Umstände zu Verbrechern? Existiert das Böse nur in Abgrenzung zum Guten? Oder trägt jeder Mensch etwas davon in sich? Und was genau ist es, das Menschen die Schwelle zum Bösen überschreiten lässt?

Eine abschließende oder gar einfache Antwort auf diese Fragen gibt es nicht. Warum manche Menschen Grenzen überschreiten und zu Mördern und Vergewaltigern werden, bleibt auch für erfahrene Kriminalpsychiater oft rätselhaft und unheimlich. Und doch versuchen Forscher immer wieder sich dieser komplexen Thematik zu nähern. So gibt es beispielsweise Studien, die belegen, dass Menschen mit bestimmten Persönlichkeitsstörungen besonders häufig mit dem Gesetz in Konflikt geraten und in Haftanstalten oder forensisch-psychiatrischen Krankenhäusern untergebracht werden. Es handelt sich dabei vor allem um die antisoziale, die Borderline- und die paranoide Persönlichkeitsstörung.

Im angloamerikanischen Sprachraum bezeichnet man diese Persönlichkeitstypen mit dem Begriff »Psychopathy« (griechisch: »psych« Seele, »pathos« Leiden). Der psychopathische Charakter kann sich nicht in andere hineinfühlen, da er selbst keine Gefühle besitzt. Er weiß zwar, was er tut und kann richtig von falsch unterscheiden, doch er verhält sich ganz und gar nicht so. Für den Psychopathen sind Recht und Gesetz reine Theorie. Dennoch, oder gerade deshalb, verhält er sich so geschickt viel geschickter als seine Opfer und die Ermittler, die ihn dingfest machen wollen. Oft versteckt er sich hinter der schönen Maske des Charmeurs, präsentiert sich nach außen hin verständnisvoll, anpassungsfähig, loyal und entwickelt großen Charme. Doch tief in seinem Inneren ist der Psychopath eiskalt, berechnend und egoistisch. Bis zu 25 Prozent aller Gefängnisinsassen, so schätzen Forscher, sind Psychopathen.

Zurück zu Ted Bundy: Viel wurde über ihn diskutiert, und am häufigsten wohl die Frage gestellt, warum er zum Serienmörder wurde. Eine Hilfe zur Einschätzung könnte bei solch einem Fall die »Psychopathy Checklist« von Robert Hare liefern.

Abbildung: Sandra Maxeiner, Hedda Rühle, »Dr. Psych's Psychopathologie, Klinische Psychologie und Psychotherapie« (2014), Band 2, Kapitel 13

Doch auch diese Liste ist nicht viel mehr als ein erster Anhaltspunkt. Und: Nicht jeder Psychopath wird zwangsläufig zum Serienkiller. Häufig stammen Psychopathen aus Familien, die ihre Kinder vernachlässigen, misshandeln, bestrafen und ihnen wenig Liebe schenken. Das muss jedoch nicht zwangsläufig der Fall sein. Ted Bundy etwa betonte immer wieder, dass er in einem sehr liebevollen Elternhaus aufgewachsen sei, in dem christliche Werte groß geschrieben wurden. Allerdings erfuhr er als junger Mann, dass seine Schwester in Wahrheit seine Mutter war.

Da Bundys junge Mutter bei seiner Geburt nicht verheiratet war, hatten die Großeltern ihn kurzerhand als ihr eigenes Kind ausgegeben. Wäre seine Karriere als Serienkiller zu verhindern gewesen? Er selbst hielt seine Sucht nach immer härterer Pornografie für einen entscheidenden Einfluss auf das eigene delinquente Verhalten. Viele renommierte Forscher glauben, dass Menschen mit einer schweren Form der Psychopathie heute noch unheilbar sind. Andere dagegen sind zuversichtlich, dass Psychopathie behandelbar sei, wenn man die

Betroffenen schon in jungen Jahren für eine Therapie gewinnen könne. Der junge Ted Bundy hatte keine Möglichkeit, sich behandeln zu lassen. Im Januar 1989 wurde er in Florida auf dem elektrischen Stuhl hingerichtet.

Was genau bei Ted Bundy das auslösende Moment für die grauenhaften Serienmorde war, wird wohl nie bekannt werden. Eine der Ursachen aber war sicher seine Psychopathie, die ihn zu dem gefühlskalten Monster werden ließ, das mit seinen Opfern kein Mitgefühl empfand und das seine Fantasien hemmungslos an seinen »Objekten« auslebte.

Doch bei all dem Schrecklichen und Unfassbaren sollten eines nie vergessen werden: Das Monster Ted Bundy ist und bleibt - ganz egal, wie unvorstellbar grauenhaft und sadistisch seine Taten auch gewesen sein mögen - ein Mensch. »Das radikal Böse gehört, nicht anders als das Gute, zur Conditio humana und zu dem, was es auch bedeuten kann, Mensch zu sein« (Cassandra Negra, Die Lust des Bösen, S. 165).

Quelle: Sandra Maxeiner, Hedda Rühle, »Dr. Psych's Psychopathologie, Klinische Psychologie und Psychotherapie« (2014), Band 2, Kapitel 13

http://www.huffingtonpost.de/sandra-maxeiner/psychopathen-und-serienki_b_4902217.html

VII.

Zum Mörder erzogen?
Die mörderische Suche nach Liebe

(Entwicklungs-)Psychologische Erklärungsansätze zur Genese einer extrem gewalttätigen Persönlichkeit

Gliederung

Wenn man nach der Motivation von Serien- oder auch von Sexualmörden fragt, finden sich neben extrinsischen Gründen, wie sie bsplw. bei Auftragskillern vorliegen, in erster Linie die Machtmotivation oder auch sexuell-sadistische Antriebe. Allen gemeinsam ist aber eine bereits seit früher Kindheit ausgeprägte Gewaltfantasie, die Serienmörder von "normalen" Mördern unterscheidet und die sie, meines Wissens nach, auch derzeit nicht therapierbar macht.

Ich möchte hier einen neuen Typus des Serien- und auch

82

Sexualmörders vorstellen, der sich durch den etwas plakativen Titel "Die mörderische Suche nach Liebe" charaktierisieren läßt. Dazu werde ich zunächst etwas ausführlicher die sog. Bindungstheorie erläutern und auch versuchen zu erklären, warum ich glaube, dass die Ursachen für diese deviante Entwicklung dieses Tätertyps in seiner Kindheit zu suchen sind. Ich werde danach ein Modell eines prototypischen Entwicklungsverlaufs darstellen, der auf die meisten Tätertypen generalisierbar ist und der Persönlichkeits- und Umweltfaktoren miteinander in Beziehung bringen wird.

Ist der Mensch von Geburt an böse

Die menschliche Persönlichkeit und deren Entwicklung ist eine sehr komplizierte Angelegenheit. Unstrittig ist, dass es sich bei den Entwicklungsprozessen um eine Interaktion, also ein Zusammenspiel zwischen biologisch-genetischen Veranlagungen und Umwelteinflüssen handelt. Jeder Teil für sich genommen führt nicht zwingend und unmittelbar zu bestimmten Eigenschaften, sondern die Reaktion des einen Teils (Umwelt) auf entsprechenden Veranlagungen steuert die Entwicklung einer menschlichen Persönlichkeit. Nehmen Sie als Beispiel das, was man Begabung oder Talent nennt: Begabung, z.B. musische Begabung, kann von Geburt an vorhanden sein, also irgendwie vererbt. Nun hat die "Umwelt" zwei Möglichkeit, sie kann diese Begabung fördern (durch Unterricht) und insofern die latent (also zunächst verborgen) vorhandenen Fähigkeiten verbessern und optimieren; es besteht aber auch die Möglichkeit, gar nicht darauf einzugehen, also keine Förderung in Form von Musikunterricht zu geben, damit wird das Talent mit der Zeit möglicherweise achtlos verkümmern; ja es ist sogar vorstellbar, dass jede musikalische "Talent" äußerung sanktioniert, also bestraft wird (aus welchen Grund auch immer) und damit unterdrückt wird.

Unstrittig ist weiterhin, dass die Persönlichkeitsentwicklung und auch die Psychopathologie bereits in der Kindheit ihre Wurzeln haben. Darauf hat bereits Sigmund Freud hingewiesen. In seinen und auch in den Ausführungen anderer Kinderpsychiater (bsplw. Adolf Mayer) wurde bereits die Auffassung vertreten, dass die Umwelt, in der ein Kind aufwächst, einen entscheidenden Einfluss auf seine zukünftige psychische Gesundheit hat.

Ich möchte nun nicht die gesamten entwicklungspsychologischen Ereignisse und Phasen der kindlichen Entwicklung beschreiben, dies wäre hier nicht relevant, auch wenn vielleicht Fragen nach Erziehungsstilen, Strafen, emotionalen und kognitiven Entwicklungen ebenfalls Relevanz besäßen. Statt dessen möchte ich etwas über die Bindungstheorie erläutern und warum ich glaube, dass sie als ein zentrales Merkmal sowohl für die Erklärung als auch die Typisierung von extremen Gewalttätern, seien es Serienmörder oder Sexualtäter, dienen kann.

Die Bindungstheorie

John Bowlby - Harry Harlow

Seit vielen Jahren schon sind sich Psychologen und Psychiater darin einig, dass der psychische Zustand eines Menschen stark von den in früher Kindheit erlebten zwischenmenschlichen Beziehungen und deren Qualität abhängt, ob sie warmherzig, responsiv, harmonisch oder aber aggressiv, angespannt und gefühlskalt waren.

John Bowlby, dessen Namen wie kein anderer mit der Bindungsforschung in Verbindung gebracht wird, beobachtete während seiner Tätigkeit als Kinderpsychiater immer wieder, dass Kinder, die in die Obhut fremder Menschen gegeben wurden, sich nichts sehnlicher wünschen, als ihre Mutter wieder zu haben. Dies warf die Frage auf, worin denn die Natur dieses engen Bandes zwischen Mutter und Kind bestünde und welchen Ursprung dies habe. Der erste Gedanke dabei war natürlich, das Kind besäße deshalb eine Beziehung zur

Mutter, weil diese es ernährt. Diese Erklärung greift aber nicht ganz (die Gründe dafür schildere ich gleich an einem Experiment). Bowlby kam zu dieser Zeit in Kontakt mit den Forschungen von Konrad Lorenz und beschloss, dessen Ergebnisse zur Prägung im Hinblick auf seine Fragen zu untersuchen. Es entstand die sog. "erste Phase" der Bindungsforschung, in der Bowlby die Funktionen des Bindungssystems zwischen Kind und Bezugsperson (die nicht zwingend die Mutter sein muss!) erkundete. Dieses Bindungssystem gewährleistet beim Kind das Gefühl der Sicherheit in der Umwelt, indem das Kind ständig in Form eines Regelkreises die physische und psychische Verfügbarkeit der Bezugsperson überprüft. Bei Bedrohung wird dieses System aktiviert und führt dazu, dass das Kind Nähe und Körperkontakt zur Bindungsperson sucht. Dass zur Entstehung einer sicheren Bindung (welche anderen Arten es noch gibt, folgt gleich) der Körperkontakt und nicht die Nahrungsquelle ausschlaggebend ist, zeigten die eindrucksvollen Versuch von Harry Harlow in den 60er Jahren. Man trennte Makaken-Äffchen gleich nach der Geburt von ihrer Mutter und steckte sie in einen Käfig, in dem sich zwei künstliche "Mütter" befanden, von denen eine Milch gab, die andere mit einem weichen Handtuch bedeckt war.

Die überwiegende Zeit, insbesondere wenn Gefahr auftrat, kuschelten sie sich eng an die "Handtuchmutter", bei der Drahtmutter verbrachten sie selbst dann wenig Zeit, wenn diese Milch gab.

Die Plüschmutter wurde auch als Ausgangspunkt bei der Erkundung der neuen Umgebung benutzt und die Äffchen flüchteten sich zu ihr, wenn ein Angstreiz gegeben wurde.

Dazu muss man allerdings anmerken, dass die auf diese Art aufgewachsenen Äffchen als ausgewachsenen Tiere sozial inkompetent und waren; diejenigen Weibchen, die künstlich befruchtet wurden, erwiesen sich als gewalttätige und rabiate Mütter. Ein Kontakt mit Gleichaltrigen während des Auswachsens verminderte diese

Phänomene etwas.

Diese Befunde nahm Bowlby als Erklärungsansätze der kindlichen Reaktionen auf Trennung und Verlust sowohl auf Verhaltens- als auch auf emotionaler Ebene.

Bindungsqualitäten (Mary Ainsworth)

Mary Ainsworth, der zweite eng mit der Bindungstheorie verknüpfte Name, entwickelte diese Ideen weiter und konzentrierte sich auf die Erforschung unterschiedlicher Verhaltensmuster in kurzen Trennungssituationen. In der sog. "Fremde Situation" kann bei 1- bis 2jährigen Kindern die Interaktion zwischen Erkundungs- und Bindungsverhalten beobachtet werden: Dazu werden die Kinder zusammen mit ihrer Mutter in einem fremden, aber übersichtlichen Raum gebracht. In diesem Raum stehen zwei Stühle (für die Mutter und später hereinkommende Fremde) und ein mit attraktivem Spielzeug ausgestatteter Spielteppich. Zunächst wird das Erkundungsverhalten des Kindes beobachtet, dann tritt eine freundliche (fremde) Person ein, die erst mit der Mutter, dann mit dem Kind Kontakt aufnimmt; die Mutter verläßt daraufhin kurz den Raum, aber die fremde Person ist noch bei dem Kind; später verläßt die Mutter erneut den Raum und das Kind ist kurzfristig allein, bevor die Mutter wieder zurückkommt.

Insbesondere bei der Rückkehr der Mutter zeigten sich Unterschiede im Bindungsverhalten, die als "sicher" bzw. "unsicher gebunden" klassifiziert wurden:

- *Kinder mit **sicherer Bindung** (B-Kinder) suchen und wahren den Kontakt zur Mutter; sie zeigen kaum Kummer, wenn sie allein sind, falls doch, dann ist deutlich erkennbar, dass sie die Mutter vermissen und lassen sich nicht von der Fremden trösten. Wenn die Mutter zurückkommt, wird sie vom Kind überschwenglich begrüßt, das Spielzeug ist nicht mehr von Interesse. Das Kind zeigt keinerlei Widerstand gegen ein Aufnehmen durch die Mutter,* sondern entspannt sich in ihren Armen.

- **Unsicher-vermeidende** Kinder (A-Kinder, "avoidance") zeigen eher Unmut über das Alleingelassen werden. Mutter und Fremde behandeln sie fast gleich und ignorieren die Mutter fast, wenn sie zurückkommt; manche wenden sich ab und meiden sogar die Nähe der Mutter. Beim Aufnehmen durch die Mutter wehren sie sich nicht, bleiben aber verspannt und zeigen auch keinen Unmut, wenn sie wieder auf den Boden gesetzt werden.

- **Unsicher-ambivalente** Kinder (C-Kinder, "ambivalent-insecure") werden laut und wütend, wenn sie allein gelassen werden. Bei der Rückkehr der Mutter verhalten sie sich ambivalent, einerseits suchen sie den Kontakt zur Mutter, andererseits widerstrebt ihnen dies aber.

Seit den 80er Jahren wurde das Phänomen genauer untersucht, dass es immer wieder Kinder gab, die in der Fremde-Situation völlig abwegiges, unverständliches Verhalten zeigten und zwar in ausgeprägterer Form als gewöhnlich, jedoch nur für kurze Zeit, ca. 10-30 Sekunden:

- sie erstarrten in Anwesenheit der Bindungsperson in ihrer Bewegung und zeigen einen trance-ähnlichen Gesichtsausdruck
- bei begonnener Annäherung schaukeln sie stereotyp auf Händen und Knien
- bei Angst vor Fremden entfernt es sich von der Bezugsperson und lehnt seinen Kopf an die Wand
- richten sich auf, um die Bezugsperson zu begrüßen, sinken dann aber in sich zusammen auf den Boden
- sitzen längere Zeit mit leerem Blick auf dem Schoß der Mutter und führen in dieser Zeit immer wieder seltsame Handbewegungen zu den Ohren aus
- während sie versuchen, auf den Schoß der Mutter zu gelangen, verharren sie plötzlich in einer ungewöhnlichen Körperhaltung

Da es hierbei um eine Unterbrechung des normalen, organisierten Verhaltens handelt, wurde diese Gruppen nach wiederholter empirischer Bestätigung als ein eigenständiger, vierter Bindungstyp klassifiziert, den man **desorganisiert/desorientiert** (D-Typ) nennt. Besonders deutlich wurde dies in einer Abwandlung der Fremde-Situation, wenn nämlich ein Clown das Zimmer betrat und in der Tür für 30 Sekunden regungslos und ohne ein Wort zu sagen stehen blieb. Normalerweise griffen die Kinder erschrocken nach der Hand der Mutter und begannen aber dann, den Clown zu betrachten. Als **desorganisiert** klassifizierte Kinder begannen ein verzweifeltes Schreien und spannten ihrer Körper stark an, um aufrecht zu bleiben, sie schienen wie festgewurzelt in ihrer Angst; andere lehnten sich mit dem Kopf an die Wand und blickten mit verängstigten Augen rückwärts zum Clown. Dieses auch "the look of fear with nowhere to go"- genannte Verhalten besaß eine echte Alptraumqualität; die Kinder waren unfähig, ihre Angst zu unterdrücken, sie besaßen keine Lösung für ihre Angst und sahen auch keinen Ort, wo sie sich hinwenden konnten (obwohl die Bezugsperson im Raum war) (Solomon & George, 1991). Bei nachfolgenden Untersuchungen zeigte sich, dass bei misshandelten Kindern ca. 80% diesen Bindungstyp aufwiesen.

Im Gegensatz zu unsicher gebundenen Kindern, die Strategien für angstauslösende Situationen entwickelt haben, scheint desorganisiertes/desorientiertes Verhalten einen Zusammenbruch dieser Strategien darzustellen. Dies ist insbesondere dann der Fall, wenn die Bedrohung direkt von der Bezugsperson ausgeht, was in vielen Kindheitserlebnissen von Serienmördern geschildert wird. Hier einige Beispiele:

- Jürgen Bartsch:
  "Im Haus in Langenberg, als ich mal irgendetwas gegen ihre Ordnung tat, warf sie mit einer Bierflasche plötzlich nach mir. Als ich noch etwas älter und mit ihr im Geschäft war (einer Metzgerei), passierte auch mal so etwas, was gegen

ihre Ordnung ging. Da warf sie einmal mit einem spitzen Fleischermesser nach mir. Es verfehlte mich nur knapp. Ich konnte nur stammeln: ´Ach so ist das...´. ´Ja´, schrie sie mich ans, ´so ist das!´ und spuckte mir ins Gesicht und schrie, ich sei ein Stück Scheiße. Sie lief aus dem Laden und suchte das Telefon und rief, so dass die Angestellten es hören konnten: ´Jetzt rufe ich Herrn Bitter (den Leiter des Essener Jugendamtes) an, der soll heut noch dafür sorgen, dass du Schwein dahin kommst, wo du herkamst, denn da gehörst du hin!´ Ich ging auf die Toilette und weinte. (Brief von Jürgen Bartsch an Paul Moor vom 1. Mai 1968)

- *John Joubert: Er berichtete, seine Mutter sei jähzornig gewesen und habe in ihrer Wut immer Dinge zerschlagen. Er hatte sich dann immer in sein Zimmer verzogen und gewartet, bis sie sich wieder beruhigt und bei ihm entschuldigt habe. Ständig aber hatte sie ihn gedemütigt und ihm zu verstehen gegeben, dass er ihrer Liebe nicht Wert sei (Ressler & Shachtman, S. 144).*

- *Ed Kemper: Als er mal nicht zu Hause war, räumte seine Mutter zusammen mit seinen Schwestern sein Zimmer im ersten Stock leer und schaffte alle seine Sache in einen fensterlosen Keller. Als er zurückkam, warf sie ihm vor, er sei Schuld an allem Schlechtem in ihrem Leben; die Verbannung in den Keller erklärte sie mit seiner außergewöhnlichen Körpergröße, seine Schwestern würden sich in seiner Nähe unwohl fühlen (R&S, S. 110).*
"Meine Mutter ist eine Frau, die mich vor Entsetzen erstarren läßt. Es gelingt mir nicht, an etwas anderes zu denken. Ihre Stimme ist so laut, das können Sie sich kaum vorstellen. Sie schlug mich oft, wenn sie meinte, dass ich etwas nicht so machte, wie es sich gehört (Bourgoin, 1995, S. 155).

Die schlimmste Form der Bedrohung ist natürlich eine Misshandlung oder sexueller Missbrauch, worauf ich später noch einmal eingehen werde.

Während für die Genese einer sicheren Bindung in erster Linie die Responsivität der Mutter entscheident zu sein scheint, deuten mehrere Untersuchungsergebnisse darauf hin, dass die desorganisierte Bindung in engem Zusammenhang mit von Geburt an vorhandenen Persönlichkeitsdispositionen wie einer eingeschränkten Verhaltensorganisation einhergeht (Spangler, 1998). Könnte dies ein Anzeichen dafür sein, dass Serienmörder doch "geboren werden"?

Stabilität der Bindungsqualität

Die Qualität der Bindungsbeziehung, wie sie sich im Laufe des ersten Lebensjahres entwickelt, erregte deshalb in der Forschung so großes Aufsehen, weil die Bindungsklassifikation im Vergleich zu sonstigen psychologischen Daten aus dieser Entwicklungsperiode, eine erstaunliche Stabilität über die Zeit hinweg zeigt. Dies kann bis ins Erwachsenenalter hinein beobachtbar sein, obwohl im Laufe einer "normalen" Entwicklung natürlich viele weitere Bindungsphasen durchlaufen werden. Ebenso können die Bindungsqualitäten zur Mutter unterschiedlich zu der des Vaters sein, so kann ein Kind beispielsweise zum Vater eine sichere, zur Mutter aber eine desorientierte Bindung aufweisen. Allerdings genügt normalerweise nur eine sichere Bindung nicht, um als Erwachsener ein "autonomes Arbeitsmodell von Bindung zu entwickeln" (Fremmer-Bombick, 1997), wobei in Interviews mit 16-jährigen besonders deutlich der Einfluss von Scheidung, schwerer Krankheit oder Verlust einer Bindungsfigur deutlich wurde (Zimmermann, 1994). Der Einfluss der mütterlichen Bindungsqualität zeigt jedoch, langfristig gesehen, den größeren Einfluss auf die psychosoziale Entwicklung des Kindes (Zimmermann, 1997, S. 213).

Die bis ins Erwachsenenalter hinein beobachtbare

Stabilität resultiert in erster Linie nicht aus einer relativ stabilen Umwelt -davon auszugehen wäre recht unrealistisch- sondern vielmehr von einer durch die vorhandenen mentalen Modelle (von Mutter, Vater, Umwelt) selektierten Wahrnehmung. Jede Reaktion der Umwelt wird im Sinne dieser Modelle wahrgenommen und interpretiert. Mit zunehmendem Alter wird ein Kind mehr und mehr "Produzent seiner eigenen Umgebung" (Lerner, 1984) und wählt die Personen, mit denen es in Interaktion tritt, danach aus (Bowlby, 1976). Bei Gewalttätern kann man oft beobachten, dass gerade diese Personenauswahl, die ja auch einen positiven Effekt erzielen könnte, durch die mangelnden sozialen Fähigkeiten fast gänzlich unterbleibt. Insofern werden die vorhandenen, negativen mentallen Modelle von der (bedrohlichen, feindseligen) Umwelt quasi unkorrigiert selbstverstärkt.

*Mit der Methode des Adult Attachement Interviews (Main & Goldwyn, 1985) konnte die sog. transgenerationale Tradierung von Bindungsmustern nachgewiesen werden. "Personen mit einem **sicher-autonomen Arbeitsmodell** räumen Bindungen und damit verbundenen Erfahrungen einen hohen Stellenwert ein, sie haben einen guten Zugang zu ihren Gefühlen und können damit auch negative Erfahrungen in eine positive Grundhaltung integrieren. Sie haben im Rahmen einer unterstützenden Bindungsgeschichte gelernt, mit belastenden Erfahrungen umzugehen. In belastenden Situationen sind sie durch ihre Fähigkeit zur Wahrnehmung auch negativer Gefühle zu einer realistischen Einschätzung der Situation in der Lage und können so adäquate individuelle oder soziale Strategien zur Bewältigung der Situation ergreifen. Personen mit einem **unsicher-vermeidenden Modell** sind sehr distanziert gegenüber Bindungsthemen und erinnern sich kaum an Ereignisse und Gefühle in ihrer Kindheit. Aus Angst vor Zurückweisung haben sie gelernt, negative Gefühle zu verdrängen. Dies kann verbunden sein mit unrealistischen Idealisierungen oder auch Abwertung der eigenen Person, der Bindungspersonen und der Umweltbedingungen. Durch die hohe Wahrnehmungsschwelle* für negative Gefühle sind sie in belastenden Situationen zu einer adäquaten realistischen Situationsbewertung und damit zur Bewältigung nicht in der Lage (Inkohärenz). Bei Personen mit einem **unsicher-ambivalenten Arbeitsmodell** kommt sehr deutlich Verstrickung, Verwirrung, Widersprüchlichkeit und auch Ärger bezüglich früherer Beziehungen zum Ausdruck. Sie sind schlecht in der Lage, unterschiedliche Gefühle zu integrieren. **Das desorganisierte Arbeitsmodell** äußert sich in verbalen und gedanklichen Inkohärenzen und Irrationalitäten, wenn über traumatische Erfahrungen wie Tod, Trennung oder Mißbrauch gesprochen wird" (Spangler, 1998).

Alterbedingte Veränderungen im Bindungsverhalten

Im folgenden möchte ich kurz den Veränderungsprozess beschreiben, der sich durch die verschiedenen Altersstufen zieht.

Die Bindungstheorie beschreibt, wie bereits dargestellt, die Entstehung und Entwicklung eines Bezugssystems des Kindes zu einer oder mehreren Bezugspersonen. Dieses System wird besonders in Bedrohungs- oder Stresssituationen aktiviert und kann dem Kind, je nach Qualität des Bindungssystems, als Schutzfunktion dienen.

Ab dem 6. Lebensmonat beginnen sich diese Strukturen zu organisieren. Dabei baut ein Kind Modellvorstellungen von der Verfügbarkeit seiner Eltern auf, die sich in der weiteren Entwicklung stabilisieren und dafür verantwortlich sind, welche sozialen Fertigkeiten ein Kind entwickelt. So besaßen bsplw. 10-jährige, die mit 12 Monaten sicher gebundene Kinder waren, eher ein festes Netz von Freunden und hatten weniger Probleme mit Gleichaltrigen als unsicher gebundene Kinder (Scheuerer-Englisch, 1989). 10-jährige, die von ihrer Mutter als "nicht-unterstützend" sprachen, besaßen als 16-jährige eine unsicher-distanzierte Bindungsrepräsentation (Zimmermann, 1997, S. 213).

Mit zunehmendem Alter lernen Jugendliche, dass sie

Probleme selbst bewältigen können und müssen, sie entwickeln Copingstrategien im Umgang mit Stress oder Belastung und entfernen sich so mehr und mehr von ihrer ursprünglichen Bindungsperson. Dabei erlischt die Bindungsbeziehung allerdings nicht ganz, sondern sie versteckt sich eher im Hintergrund und äußert sich nicht mehr im Suchen nach körperlicher Nähe, sondern vielmehr durch psychologische Nähe oder Kommunikation (Bowlby, 1983). Unsicher gebundene Kinder besitzen dabei allerdings die Schwierigkeit oder beinahe Unfähigkeit, neue Bindungsbeziehungen (z.B. zu Gleichaltrigen) eingehen zu können. Sicher gebundene Jugendliche (16-17 Jahre alt) besitzen dagegen ein höheres Maß an sozialer Kompetenz, weniger Feindseligkeit, Ängstlichkeit und Hilflosigkeit (Zimmermann, 1994).

Die Bindungsqualität ist in ihrer Stabilität sehr von der gleichzeitigen Stabilität der Lebensumwelt des Kindes abhängig. Vom Kleinkindalter bis zum Jugendalter reicht die sog. "sensitive Phase", in der sich das Vertrauensverhältnis zu und an die Bindungsperson(en) bildet und verfestigt und "für den Rest des Lebens relativ unverändert bestehen bleibt" (Bowlby, 1983, S. 246). Umweltveränderungen, die direkt die Gefühlswelt des Kindes betreffen, können zu einer Veränderung der Bindungsqualität führen und zwar sowohl in positiver als auch in negativer Art und Weise. Solche Veränderungen können z.B. das Hinzukommen einer neuen Bindungsperson (Großeltern, Geschwister), die Einstellungsänderung der Mutter zum Kind oder die Änderung der Lebensbedingungen der Eltern sein. Als besonders risikoreich gelten dabei die Trennung des Kindes von den Eltern, schwerwiegende Erkrankungen, Verlust eines Elternteils aber auch die Disharmonie vor einer Scheidung der Eltern, die bereits vor der eigentlichen Trennung in ihrem Effekt nachzuweisen ist (Block, Block & Gjerde, 1986).

In einer Studie des FBI an 36 Sexualmördern (Serienmördern) zeigte sich, dass in 47% der Vater vor dem 12. Lebensjahr des Kindes die Familie verließ; in 72% der Fälle bestand eine negative Beziehung zu

93

(anderen) männlichen Bezugspersonen; über 40% lebten vor ihrem 18. Lebensjahr nicht mehr in ihrer Familie.

Beim familiären Umfeld von Gewalttätern fehlt es aber gerade an entscheidenden Stellen: Kindheit, Vorpubertät (8.-12.Lebensjahr, dort fehlte den meisten Tätern ein Vater, weil er starb, ins Gefängnis kam oder die Eltern sich scheiden ließen), sonstige Identifikationsfiguren in der Pubertät wie z.B. Großeltern (viele der Täter kamen in dieser Phase in Heime oder Gefängnisse (hauptsächlich wegen Brandstiftung), Freundinnen oder Lebenspartner (die meisten Täter sind zu keiner festen Freundschaft fähig). Viele Menschen mit ähnlichen Kindheitserlebnissen überstehen diese Phasen (wenn sie auch in so gehäufter Form nur äußerst selten vorkommen), ohne zum Mörder zu werden, wenn jedoch alles zusammenkommt – "eine abweisende Mutter, das Fehlen des Vaters oder Mißbrauch durch Vater oder ältere Geschwister, Versagen des Schulsystems, Ineffizienz der Behörden und die gleichzeitige Unfähigkeit des Kindes zu einer normalen sexuellen Entwicklung – dann ist der Weg zum abweichenden Verhalten praktisch schon vorgegeben" (Ressler & Shachtman, 1992, S. 114).

Kommen dann als entscheidende Merkmal noch Gewaltfantasien hinzu, so erscheint die "Karriere nach unten" fast unausweichlich. Doch wie entstehen diese Fantasien?

Emotionale Konsequenzen unsicherer bzw. disorganisierter Bindung – Das Entstehen von Gewaltfantasien

Dass elterliches Fehlverhalten zu emotionalen Fehlentwicklungen führen kann, ist vielfach belegt. Beispielsweise beschreiben MALATESTA & IZARD (1984), dass Kinder in den ersten 34 Monaten irritiert und negativ reagieren, wenn sich die Mutter nicht responsiv verhält, also ein stilles unbewegtes Gesicht macht oder dem Kind in Situationen, in denen es emotionales "Rückmeldung" erwartet, den Rücken zuwendet; wenn die Mutter die Wünsche und Signale des Kindes zuwenig oder

94

gar nicht beachtet und sich passiv und abweisend verhält, werden die kindlichen Emotionen ausgedünnt, flachen ab, der emotionale Ausdruck verschwindet, das Kind verhält sich neutral (...) ist dagegen das mütterliche emotionale Verhalten inkonsistent und nicht vorhersagbar, muß das kindliche emotionale Verhalten eine hohe Intensität annehmen, um Reaktionen bei der Mutter hervorzulocken. (GEPPERT & HECKHAUSEN, 1990). HARRIS (1989) fand bei mißhandelten Kindern heraus, dass sie gegenüber Gleichaltrigen sehr häufig aggressiv werden, in der Not weniger oft und weniger gerne beistehen. Mißhandelte Kinder reagieren auf Signale wie Weinen oder Trauer häufiger mit Feindseligkeit, Drohungen und körperlichen Attacken (MAIN & GEORGE, 1985). Ein nichtresponsiver, kalter, disziplinierter und herabwürdigender Erziehungsstil kann beim Kind später zu Mitleidlosigkeit, Gewalttätigkeit und gestörten sozialen Beziehungen führen (ULICH & MAYRING, 1992; MANTELL, 1978). Emotionale Fehlentwicklungen können zu Verzerrungen der Selbstwahrnehmung oder zum Verschwinden von Gefühlszuständen beim Kind führen (LEWIS & MICHALSON, 1982).

Mangelnde Responsivität seitens der Erzieher wird dann besonders fatal, wenn dadurch das Bedürfnis des Kindes nach Sicherheit und Geborgenheit frustriert wird. Dadurch werden Reaktionen des Kindes wie Ärger oder wütender Protest begünstigt, weil eine Verletzung des Selbstwertes stattfindet. "Das Aggressionsmotiv wird dann stark entwickelt werden, wenn es einen hohen funktionalen Wert für die zentralen Anlagen der Persönlichkeit hat; die Motivgenese wird unter dieser Betrachtung selbst zum 'motivierten Prozeß'. Dabei scheint ihr Ziel vor allem in der Aufrechterhaltung oder (Rück)Gewinnung eines positiven Selbstkonzeptes zu bestehen.Gestützt werden diese Annahmen durch Befunde, die die Selbstwertverletzung des Kindes transkulturell als wesentliche Antezendenzbedingung unterschiedlicher Motivausprägungen aufzeigen konnten" (KORNADT, 1989b).

Carlson et al. (1989) verglichen in einer Studie 22

mißhandelte oder vernachlässigte Kinder im Alter zwischen 11 und 16 Monaten mit nicht-misshandelten Mutter-Kind-Paaren bzgl. ihrer D-Bindung. Dabei fanden sie u.a. folgende Ergebnisse:

- 81,8% der mißhandelten Kinder wiesen eine D-Bindung auf (ggb. nur 19% der KG) ($p < ,001$)
- überwiegend Jungs besaßen eine D-Bindung ($p < ,05$)
- die Art der Mißhandlung/Vernachlässigung hatte keine signifikanten Einfluss auf das Ergebnis
- Jungs bilden mit höherer Wahrscheinlichkeit eine D-Bindung aus, wenn der Vater nicht präsent ist (86% vs. 29%)
- Mädchen zeigen das umgekehrte Bild: Mit der Anwesenheit des Vaters erhöht sich die Wahrscheinlichkeit einer D-Bindung (39% vs. 25%)

Dieser hohe Anteil von 82% D-Bindungen unter den mißhandelten Kinder steht im Gegensatz zu den "normalen" Raten bei Untersuchungen, in denen keine mißhandelten Kinder beobachtet wurden. Dort schwankt die Zahl der zunächst als nicht-klassifizierbar, später als "D"-klassifizierten Kinder bei ca. 20%.

Wie läßt sich nun die "caregiving environment" mißhandelter Kinder beschreiben?

In erster Linie handelt sich um eine Umwelt mit inkonsistenter und inkonsequenter Zuwendung (dies beschreiben auch viele Serienmörder); bei 18% der (mißhandelten) Kinder wurde von mehrfachen Mißhandlungsarten berichtet, evtl. vorhandene Geschwister wurden ebenfalls mißhandelt, d.h. das Kind war evtl Zeuge dieser Misshandlung, wobei man davon ausgehen muss, dass die Mißhandlungsrate weit höher ist, als sie den berichtenden Sozialarbeitern bekannt war.

Essentiell für das Entstehen einer disorientierten Bindung ist das Hinzukommen von Angst zu einer ansonsten möglicherweise adäquaten Erziehung. Angst und Vorsicht werden vertraute Emotion für mißhandelte oder vernachlässigte Kinder. Aus der inkonsequenten Verhaltensweise der Eltern, in der Fürsorge und Strafe unsystematisch wechseln, entsteht bei Kindern das für eine D-Klassifikation typische Annäherungs-Vermeidungs-Verhalten: Das Kind versucht nach der Trennung zur Mutter zu gelangen, erstarrt aber inmitten dieser Bewegung, weil es nicht sicher sein kann, welche Reaktion es erwarten wird.

Etwas ungewöhnlich im Rahmen der Bindungsforschung war der hohe Anteil von D-klassifizierten Jungs. Im Allgemeinen existieren keine Geschlechtsunterschiede bei der Entstehung der Bindungsformen. Zahlreiche Studien belegen allerdings, dass Jungs weitaus verletzlicher reagieren auf psychische Beeinträchtigungen als Mädchen (bsplw. Zaslow & Hayes, 1986) bzw. dass unsicher gebundene Jungen mehr Probleme in ihrer sozialen Kompetenz entwickeln.

Die These, dass emotionale Störungen zu einer Schwächung des Selbstwertgefühls führen können, wurde bereits aus den Forschungen zur kognitiven Entwicklung von Piaget & Inhelder untersucht (Inhelder, 1968). Dabei finden sich Parallelen zu Erkenntnissen der Bindungsforschung, dass die Güte einer Mutter-Kind-Bindung einen erheblichen Einfluss auf die Fähigkeit und die Bereitschaft des Kindes haben, seine Umwelt zu erforschen. Unsicher gebundene Kinder weisen große Defizite in ihrem Erkundungsverhalten auf, weil sie nicht wissen, welche Reaktionen dieses Verhalten bei der Mutter hervorruft; gleichzeitig entsteht ein Selbstbild, das von mangelndem Selbstvertrauen geprägt wird, was wiederum das Erkundungsverhalten einschränkt.

Desorganisierte Kinder zeigen auch mit zunehmendem Alter besondere Reaktionen auf **Trennungssituationen.** Solomon & George (1991) fanden in einem Puppenspiel über Eltern-Kind-Trennung bei 6jährigen ängstlich-gewalttätige und katastrophenähnliche "alptraumartige" **Phantasien** ohne Lösung des Problems. Gewalttätig-bizarre Phantasien wurden ebenfalls in einer Untersuchung von Cassidy

(1988) bemerkt. Dort zeigten die Kinder in Interviews im Anschluss an die Puppenspiel-Situation überwiegend Aussagen über die eigene Wertlosigkeit. Das durch die Mutter vermittelte Bild der Umwelt stellt sich als bizarr und ebenfalls desorganisiert dar. Dies wird für die Kinder insofern bedrohlich, als ihre eigene Aggressivität wie auch die der Umwelt nicht kontrollierbar erscheint. Diese Kinder haben wenig Vertrauen darauf, dass jemand in Gefahrensituationen oder Bedrohungen für sie da sein wird. Diese Einstellung führt zu einem Bild der Umwelt als feindselig und läßt die Kinder ebenso ärgerlich und feindselig reagieren, wenn eigentlich Bindungssysteme (also Schutzsuche) aktiviert werden sollten.

Ein Kind kann diese Traumata, die durch die Misshandlung oder das Beobachten einer solchen entstehen, nicht ohne Hilfe verarbeiten. Dadurch entstehen ebenfalls Fantasien, Tagträume. In der Literatur wird immer wieder davon berichtet, dass

- (Alp-)Träume oder Gewaltfantasien im Anschluss an sexuelle oder physische Misshandlungen enstehen (Burgess & Holmstrom 1974, 1979; Conte, 1984; Pynoos & Eth, 1985)
- misshandelte Kinder im Spiel häufig konflikthafte und obzessive Themen durchspielen (Hartmann & Burgess, 1986)
- eine nicht erfolgreiche Lösung des Traumas die unterlegene Rolle des Opfers verstärkt und aggressive Fantasien entstehen läßt, die Macht und Kontrollstreben in den Vordergrund stellen (Burgess et al., 1984; Pynoos & Eth, 1985; MacCulloch et al., 1983)
- das ständige Kreisen der Gedanken um die Misshandlung zu einer Verzerrung der sozialen Wahrnehmung führt (Burgess & Holmstrom 1974, 1979; Conte, 1984; Pynoos & Eth, 1985).

Auch hierfür finden sich Beispiele im Verhalten von Serienmördern oder Serienvergewaltigern. Sie reagieren oft außergewöhnlich heftig und aggressiv auf leichteste Beeinträchtigungen.

" Ich reagiere zuerst auf Kritik mit Ärger, automatisch, weil ich glaube, dass Kritik mich beschneidet" (J. Bartsch, zit. in Moor, 1991, S. 187)

Serienmordtaten enthalten in fast allen bekannten Fällen extreme sadistisch sexuelle Komponeten. Die lange gültige Theorie von übersteigerten Sexualtrieb ist heute kaum noch haltbar (vgl. bsplw. BURGESS et al., 1986; FBI, 1985; FÜLLGRABE, 1983, 1992; GÖBEL, 1993), statt dessen wird eine extrem aggressive Motivation angenommen. Es gibt also, wie SCHMIDT (1983) aufzeigt, nichtsexuelle Motive im Sexualverhalten. Er schreibt: "Sexualität erhält über den autochtonen Charakter hinaus Qualitäten von Intensität und Dynamik aus anderen als sexuellen Quellen, sie erlangt ihre Intensität und die Indienstnahme nichtsexueller Motive und Affekte". Insbesondere in der Perversion, speziell im Sadismus, kommt dies zum Tragen: MARQUIS DE SADE beschrieb bereits sehr ausführlich, wie das perfekt geplante, ungeheuerliche, sich über alle Grenzen hinwegsetzende Verbrechen Grundlage größtmöglichen Genusses werden kann. Die Überwindung von Tabus und Normen machen für ihn sexuellen Genuß aus. "Die Bedeutung solcher Erlebnisinhalte für sexuelles Verlangen und Lust ist am einfachsten bei den Perversionen zu erkennen." (SCHMIDT, 1983). Beispielsweise charakterisiert STOLLER (1976,1979) Perversionen als erotische Form des Hasses. Der Orgasmus ist nicht nur Ejakulation, sondern ein "megalomaner Ausbruch von Freiheit." Die sexuelle Befriedigung resultiert aus dem Erlebnis der Konfliktlösung, der Angstüberwindung, des lustvollen Triumphes über die Demütiger (STOLLER, 1975). Für MORGENTHALER (1974) ist die Triebbefriedigung im perversen Akt sekundär, oft merkwürdig bedeutungslos. SCHMIDT (1983) leitet aus Stollers Untersuchungen drei Prozesse ab, die für die Perversion und in geringem Maße für die sexuelle Erregung überhaupt von Bedeutung sind:

99

- *Das Oszillieren zwischen Erwartung von Gefahr und Überwindung von Gefahr, das Eingehen eines Risikos, wenn auch eines kalkulierbaren, steigert sexuelle Erregung.*
- *Im Spannungsfeld von Angst und Triumph wird Sexualität zum Kampf. Das Leitthema der Dramaturgie sexueller Erregung ist deshalb (für STOLLER) Feindseligkeit. Die Degradierung des Partners zum Nicht-Individuum, zur Figur im sexuellen Szenario, sind nach STOLLER ein wichtiger Aspekt erotischer Feindseligkeit.*
- *Risiko und Kampf münden in eine Konfliktlösung, die Überwindung eines Kindheitstraumas, Konflikte oder Traumata, die nach Stoller in der Regel in der Geschlecht-sIdentitätsentwicklung entstehen.*

Diese von STOLLER beschriebene Wirkungsweise von Sexualität wurde insbesondere von SCHORSCH (1978) kritisiert. Er führt aus, dass nicht nur Feindseligkeit intensive Sexualität möglich mache, sondern dass auch "alte kindliche Wünsche und Sehnsüchte, Ahnungen von früheren paradiesischen Glückszuständen in ihr wieder aufleben können." In Anlehnung an GOLDBERG (1975) nennt SCHMIDT (1983) dies die Sexualisierung von Affekten und formuliert, dass "Affekte schmerzhafte wie Angst, Scham,Schrecken und Demütigung, aggressive wie Wut und Haß oder aber auch positive wie Freude und Bestätigung ins Sexuelle transformiert und sexuell als Verlangen, Anziehung und Erregung erfahren werden. Die Intensität sexuellen Verlangens und Erlebens sowie das Ausmaß der Befriedigung hängt von in der Regel nicht bewussten und erkennbaren, oft nur aus der Biographie verständlichen symbolischen Bedeutungen einer sexuellen Handlung ab und nicht etwa von der Stärke des 'Triebdruckes'." Sexualität und Perversionen können also eine Art umgeleitete Feindseligkeit darstellen, aus der letztlich eher aggressive als sexuelle Handlungsziele entstehen.

Bevor diese extreme Motivation in letzter Konsequenz zu Morden, also der tatsächlichen motivierten Handlung, führt, haben die Täter meistens stark gewalthaltige Phantasien. Das FBI (1985) schreibt dazu: "Diese Phantasien sind extrem gewalttätig und reichen von Vergewaltigung bis hin zu Verstümmelungen oder Quälen und Mord. Diese Phantasien bewegen sich jenseits normaler sexueller, vergnügungsorientierter Tagträume". Deshalb stellt FÜLLGRABE (1992) auch die Frage nach der Entstehung sadistischer Phantasien. Er bezieht sich dabei auf die schon mehrfach zitierte FBI-Studie an Serienmördern. 56% der Täter hatten Vergewaltigungsphantasien, bevor sie 18 Jahre alt waren. Knapp 40% der Kinder wurden in ihrer Jugend selbst sexuell mißbraucht.

John Joubert berichtete über erste Gewaltphantasien im Alter von 6 oder 7 Jahren: Darin schlich er sich von hinten an seinen Babysitter heran, erwürgte sie und fraß sie mit Haut und Haaren auf. Später bei der Ermoderung seiner Opfer verwirklichte er die Phantasien, die er seit seinem 7 Lebensjahr ständig perfektioniert hatte.

Peter Kürten gab bei einer Vernehmung zu Protokoll: "Wenn ich mir vorgestellt habe, dass ich einem den Bauch aufgeschlitzt habe oder sonst schwer verletzt, dabei erfolgte endgültige Befriedigung (...) ich habe mir auch vorgestellt, Massenkatastrophen herbeizuführen mittels Bazillen, die ich ins Trinkwasser befördere (...) ich habe mir noch weiterhin vorgestellt, so irgendwie Schulen oder so zu benutzen und da durch Verschenken von kleinen Schokoladenproben, die man hätte vergiften können mit Arsen die Morde auszuführen. (LENK & KAEVER, 1974).

Schaut man sich die Beschreibungen der Phantasien an, die Serienmörder liefern, so handelt es sich dabei meist um vorweggenommene, später in ähnlicher Form realilsierte Handlungen. Zugleich werden mögliche Handlungsfolgen und damit verbundene Erwartungsemotionen kalkuliert. "Prozesse des 'Vorstellens' haben mit denen des 'Wahrnehmens' und 'Handelns' eine Reihe von Elementen gemeinsam" (KORNADT & ZUMKLEY, 1992)

Nicht alle Kinder reagieren auf ihre Umwelt mit Gewaltphantasien und auch nicht alle, die solche Phantasien haben, leben sie letztlich auch aus. Was Serienmörder als Kinder von diesen Kindern unterscheidet, ist der hohe Egozentrismus in seinen negativen, aggressiv-sexuellen Phantasien (BURGESS et al.,1986). Auffallend war bei den Interviews mehrerer Serienmörder, dass nie von positiven Phantasien oder Träumen berichtet wurde. Unklar bleibt dabei, ob es solche Träume nie gab oder ob sie durch die starken Gewaltphantasien nur in der Erinnerung verdrängt wurden. Die dabei entstehende Verbindung von Sexualität und Gewalt kann viele Ursachen haben; eine mögliche könnte in der Tatsache liegen, dass viele Serienmörder als Kind sexuell mißbraucht oder Zeuge eines solchen Mißbrauchs (bsplw. an Geschwistern) wurden(s.o). Diese aggressiven Phantasien brechen dann im Spiel mit anderen Kindern irgendwann durch. Ein Täter berichtete, dass er im Alter von 15 Jahren jüngere Jungen mit ins Badezimmer geschleppt hätte und dort oralen und analen Sex gefordert hätte; dabei "spielte" er seine eigenen Erlebnisse im Alter von 10 nochmals durch, diesmal aber in der Rolle des Überlegenen und nicht des Opfers (BURGESS et al., 1986).

Eine dominante Rolle in Gewaltphantasien spielen Tod und Mord. "Tod ist ein Beispiel für größtmögliche Kontrolle" (BURGESS et al., 1986). Kontrolle über die Umwelt zu haben bedeutet Sicherheit und Stärke, denn es kann keine unvorhergesehenen, nicht zu bewältigende Situation eintreten, die bedrohlich wäre. Wer Kontrolle hat, hat Macht und Stärke und ist damit sicher vor Bedrohungen. Diese Argumentationskette entwickelt sich zunächst in der Phantasie, jedoch kam bei allen Serienmördern irgendwann der Punkt, an dem Phantasien allein nicht mehr ausreichten, um das gewünschte Geborgenheits und Sicherheitsgefühl zu erzeugen, es entstand der Wunsch nach Realisationen. Damit beginnt in der Regel die Mordserie. Falls die Täter nach den ersten Mord nicht direkt verhaftet werden, schließt sich der Kreis und scheinbar bestätigt sich die Phantasie. Eine Vermischung von Schein und realer Welt tritt ein.

Die schlechte **kognitive und emotionale Entwicklung** unsicher gebundener D-Kinder ist in vielen Studien gezeigt worden:

- In der Untersuchung von Ziegenstein, Rottmann & Rauh (1988) hatten sie die schlechtesten kognitiven Leistungen der Stichprobe, zeigten in Anwesenheit der Mutter eine sehr niedrige Frustrationstoleranz und waren unruhiger und unkonzentrierter während der Untersuchung.
- D-Kinder zeigten mit 6 Jahren ein negatives Selbstkonzept und sahen sich selbst als wertlos und unwichtig an (Cassidy, 1988).
- In einer Langzeitstudie, in der Kinder über 10 Jahre lang (Alter 7 - 17 Jahre) kontinuierlich getestet wurden, zeigte sich, dass D-Kinder am wenigsten in der Lage waren, einen kognitiven Perspektivenwechsel vorzunehmen (ausgedrückt z.B. in der Frage: "Was denkt diese Person auf dem Bild?"); diese Fähigkeit gilt neben der Empathie als wichtigste Voraussetzung zur Hilfsbereitschaft. Weiterhin zeigten die Kinder im Alter von 7 Jahren mehr Konzentrationsprobleme als sicher gebundene Kinder. Im kognitiven Leistungstest fiel ihre Leistung mit 17 Jahren auf den Stand der Neunjährigen zurück (Daten entnommen aus Jacobson, Edelstein & Hofmann, 1994).

Jede Form der unsicheren Bindung muss "als wichtiger Risikofaktor eingestuft werden, weil die internen Arbeitsmodelle, die sich auf eine unsichere Bindung hin entwickeln, eher zu unangepasstem Verhalten anderer gegenüber, zu Fehleinschätzungen anderer im Hinblick auf deren Pläne und Ziele und zu einer mangelhaften Integration und Kohärenz der Gefühle, vor allem negativer Gefühle in Zusammenhang mit Belastungen, führen" (Fremmer-Bombik, 1997).

103

Diese Argumentationsfolge läßt sich durch einige Daten der FBI-Studie (zit. nach FÜLLGRABE,1992) konkretisieren:

- *Die Mörder fühlen keine Bindung an andere Menschen Sie nehmen keine Rücksicht auf dieBedürfnisse Anderer oder sind nicht sensitiv für die Bedürfnisse anderer Menschen*

- *Die Erziehung, das Schulversagen und andere Leistungsmängel werden als Teil einer ungerechten und unfreundlichen Welt wahrgenommen; die Erziehung wurde als unfair, feindselig ,unbeständig und mißbrauchend beschrieben*

- *Die meisten der interviewten Straftäter hatten schlechte Beziehungen zu ihren Vätern, 16 der 36 Untersuchten berichteten von kalten und wenig fürsorglichen Beziehungen zu ihrer Mutter. In 47% der Fälle verließ der Vater die Familie, bevor das Kind 12 Jahre alt war, viele der späteren Serienmörder mußten sich einem neuen Familienoberhaupt anpassen.*

- *Zu Geschwistern hatten sie wenig Bindungen, sofern solche überhaupt vorhanden waren.*

- *Zur Instabilität der Familie kam in 68% der Fälle noch eine Instabilität des Wohnortes.*

- *66% der Täter lebten, bevor sie 18 Jahre alt wurden, außerhalb der Familie in Erziehungsoder Adoptivheimen.*

- *In den Familien der späteren Mörder gab es zumeist erhebliche Probleme: Kriminalität (in 50% der Fälle), psychiatrische Probleme (53.3%), Alkoholmißbrauch (69%), Drogenmißbrauch (33.3%) oder/und sexuelle Probleme (46.2%).*

- *Die Kinder selbst nannten u.a. häufig folgende Probleme: Tagträume (82%), zwanghafte Masturbation (82%), Isolation (71%).*

- *Ebenfalls wurde von devianten Handlungen der Kinder berichtet: chronisches Lügen (71%), Zerstörung von Eigentum (58%), Feuer legen (56%),*

Stehlen (56%) oder Grausamkeit ggb.anderen Kindern (54%).

Die bislang eher theoretisch gehaltenen Ausführungen zur Bindungstheorie zeigten, dass es bisher in diesem Themenfeld vernachlässigte Ansatzpunkte gibt, die dazu beitragen können, die entscheidenden "Entwicklungspunkte" im Leben von Serienmördern beschreiben zu können: Dies waren in erster Linie

- Störungen der Mutter-Kind-Bindung
- => Negative kognitive und emotionale Entwicklung und v.a.D.
- Frühkindliche Gewaltfantasien

Der neue Tätertyp "Suche nach Liebe":

Warum nun diese zugegebenermaßen lange theoretische Einleitung? Weil die bisherigen Tätertypologien m.E. nicht ausreichen, um eine bestimmte Gruppen von sowohl Serienmördern als auch Serienvergewaltigern in ihrem Antrieb, also ihrer Motivation, zu erkennen.

Als Beispiel möchte ich folgende Aussagen zitieren:

- Ed Kemper (7 Morde): "Ich liebe es, junge Frauen zu belauern und ihnen von weitem zu folgen. Ich stelle mir vor, sie zu lieben und von ihnen geliebt zu werden, obwohl ich weiß, dass dies nie möglich sein wird" (Bourgoin, 1995, S. 154) "Wir versuchten die Aufmerksamkeit und die Liebe meines Vaters zu erringen, aber der hatte jetzt eine andere Familie" (ebd., S. 158).
- Jürgen Bartsch: "Eifersüchtig war ich immer, wenn ich immer, wenn ich jemanden gern hatte und mich wie eine Klette an ihn hängte. Wenn diese Person jemand anderen ansah oder mit ihm spielte, so wurde ich ganz verrückt. Meine Eifersucht traf also das Objekt meiner Zuneigung. Da habe ich dann aus Wut denjenigen gequält, indem ich z.B. etwas, wo ich versprochen hatte, es ihm zu geben, an

105

andere vor seinen Augen verteilte.(Moor, 1991)

(Kindheitserinnerung an seine Zeit im Heim): "Ich stelle mir das so vor: Wir hätten uns gegenseitig die Hose heruntergezogen und wohl auch onaniert, in den Arm genommen, ..., Dabei wäre mir die Umarmung, die Haut, die Wärme des Körpers des anderen Jungen sogar noch etwas wichtiger gewesen als das Onanieren (ebd.)

"Ich rollte oft eine Decke zusammen, die war dann das Kind und ich drückte es an mich, jetzt allerdings ohne jedes sexuelle Gefühl. Das war dann wie eine Erlösung, eine Wohltat. (...) Ich habe richtige Gespräche mit dem Kind geführt (...), als ob ich jemand ganz Anderer gewesen wäre, der Kinder gern hat und mit ihnen spielt. (S. 389f.)

"Wenn ich normal bin, bin ich kinderlieber als jede Mutter. Das wäre normalerweise nicht normal, aber mir gefällt es richtig" (S.392)

"Einer meiner größten Wünsche ist immer gewesen, einen Beruf, der mit Kindern zu tun hat, wo du Kindern etwas Gutes tun kannst (...) Sie dürfen das nicht falsch verstehen. Da ist nicht im Geringsten ein Gefühl der Sexualität dabei, sondern einfach eine ganz große Zärtlichkeit. (...) Ich glaube, dass man bei diesen kleinen Kindern, fünf oder sechs Jahre, man sollte sie (...) noch ziemlich in den Arm nehmen, das ist meine Ansicht. Bei kleineren Kindern sollte man das noch mehr machen. (S. 394)

Die Beziehung zur eingangs geschilderten Bindungstheorie wird hier deutlich: **Diese Aussagen deuten auf eine Suche nach Geborgenheit, nach Liebe, nach unverletzlichem Vertrauen hin, das diese Menschen in ihrer Kindheit nie erlebt haben. Die Morde geschehen dann oft aus der**

Angst, das "Bindungsziel" könnte sie frustrieren, indem es wegläuft, sie verhöhnt oder verletzt. Der Wunsch nach Geborgenheit ist so stark, dass er mit den Mitteln zu erlangen versucht wird, die sich in der Phantasie des Täters festgesetzt haben, und das ist die Gewalt. Irgendeine Form von Perspektivenwechsel, also die Fähigkeit, die Gefühle anderer zu erkennen, ja zu erkennen, dass diese überhaupt Gefühle besitzen oder als Individuum wahrzunehmen, fehlt ihnen völlig. Dies kann (und ich sage mit gebotener Vorsicht "kann") aus den bereits in der Kindheit entstandenen Bindungsfehlern erwachsen sein.

Stabilität und Determinismus der Bindung

Vielfach werden die Stabilitätsergebnisse der Bindungsforschung fälschlicherweise als Determinismus begriffen. So wird ab und an sogar der Vorwurf laut, das Paradigma der Bindungsforschung sei, dass sie die Bindungsqualität im ersten Lebensjahr als trait betrachte (Lewis & Feiring, 1991). Dies würde heißen, dass es lediglich bei der Erziehung der Kinder auf das erste Lebensjahr ankäme, danach könne man sie ruhig allein lassen; dies stimmt natürlich so nicht.

Die empirischen Ergebnisse zeigen in recht beeindruckender Weise eine relativ große Stabilität vom Kindes- bis zum Jugendalter. Dies bedeutet aber nicht, dass Änderungen in dieser Phase nicht möglich seien. So ist es durchaus beobachtbar, dass sich unsichere Bindungen durch erhöhte Aufmerksamkeit der Bezugspersonen, Veränderungen der Lebensbedingungen der Eltern oder eine Einstellungsänderung zwischen Mutter und Kind zu einer sicheren Bindung ausbauen können. Besonders die Lebensspanne bis zum 16. Lebensjahr wird in der Bindungsforschung als "sensitive" Phase angesehen, in der sich das Bindungssystem und die damit verbundenen emotionalen und kognitiven Entwicklungen festigen.

Genau diese Phase ist es aber auch bei Serienmördern,

107

die die meisten Defizite aufweist, die bereits an
anderer Stelle beschrieben wurden (wenig responsive
Mütter, Vater nicht als Identifikationmodell vorhanden,
keine Stabilität im sozialen Umfeld, durch
Heimaufenthalte wechselnde Bezugspersonen, wenig
Freunde, schlechte kognitive Entwicklung, große
frustrationen durch die Umwelt, Misshandlungen usw.).
Diese "negtive" Stabilität festigt sich dann im
Bindungssystem des Jugendlichen und wird zu späteren
Zeitpunkten immer schwerer zu korrigieren.

Beispiele

- Leszek Pekalski (1 - ?? Morde)

  "Ich wollte mit Sylvia kuscheln, ich wollte mit
  ihr flirten. Das dauerte ein paar Minuten, aber
  sie wollte nicht, sie hat sich gewehrt und da habe
  ich sie geschlagen." (...) "Ich möchte doch
  wenigstens eine Freundin haben, ich bin doch noch
  so jung."

  aus dem psychologischen Gutachten: "Ein unsicheres
  und verlorenes Individuum, labil, unter Dominaz
  stehend und seit seiner Kindheit von Frauen
  beherrscht und misshandelt. Er kann aber nicht
  ohne sie leben, er sehnt sich nach Verständnis,
  Freundlichkeit, Liebe und Wärme." (...) Füt ihn
  war das Töten letzlich eine ganz normale soziale
  Begegnung geworden. So absurd und brutal sich das
  auch anhört, es war seine Art, in Kontakt mit
  anderen Menschen zu treten.

  aus dem psychiatrischen Gutachten: "Er hat nie
  gelernt, positive Emotionen zu erleben. Wie zum
  Beispiel die Liebe von anderen Menschen, die
  Fähigkeit, sich in andere Menschen einzufühlen.
  Sympathie und andere emotionale Gefühlszustände
  kannte er nicht. Dieser Mangel ist einer der
  schwerwiegensten." (Buvall, 1998)

- *Ed Kemper (7 Morde)*
  "Ich liebe es, junge Frauen zu belauern und sie
  von weitem zu verfolgen. Ich stelle mir vor, sie
  zu lieben und von ihnen geliebt zu werden, obwohl
  ich weiß, dass das nie möglich sein wird".
  (Bourgoin, 1995, S. 154)
- *Dennis Nilson (15 Morde) "killed for company"*

Seine Eltern ließen sich scheiden, als er 4 Jahre
alt war. Nach der Scheidung veranlasste die
Mutter, dass das Kind bei den Großeltern lebte. Er
liebte seinen Großvater sehr, doch dieser starb
zwei Jahre später. – Seine Opfer erwürgte er und
wickelte sie in Plastikfolie ein, um sie dann
unter den Fußbodenbrettern zu verstecken. Ab und
an nahm er sie dort heraus und setzte sie neben
sich auf die Couch, um nicht alleine zu sein.
(Everitt, 1993)

http://bildungswissenschaften.uni-
saarland.de/personal/paulus/HH.htm

Aufruf 05/2016

VIII

Serienmörder und Mörder

Lebensläufe und Tatmuster

Nicht nur Opfer geben zahlreiche aber leider auch meist durch das Umfeld ignorierte Hinweise auf erlebte Gewalt; gerade männliche Opfer sexueller Gewalt weisen ein erhöhtes Risiko auf, später zu gewalttätigen Kriminellen zu werden und äußern dieses frühzeitig.

Das FBI legte im Zuge des Projekts Criminal Personality Research Project (CPRP) eine Studie zu den Warnsignalen bzw. Symptomen in der Entwicklung zum Serienmörder vor, nachzulesen in „Sexual Homicide" von Ressler, Burgess und Douglas. Eine weitere lesenswerte Publikation bietet „The Lust Murder" von Hazelwood und Douglas. Klar ist heute, dass insbesondere sexuell motivierte Serienmörder immer ähnliche Entwicklungen durchlaufen, häufig aus einem zerrütteten Elternhaus stammen oder in Heimen aufwuchsen. Viele erlebten in ihrer Kindheit oder Jugend z. T. schweren sexuellen Missbrauch, zeigten frühzeitig Verhaltensauffälligkeiten und begannen bereits in ihrer Kindheit unterschiedliche kriminelle Delikte. Eines der alarmierendsten Warnsymptome in der Entwicklung aggressiver Kriminalität ist der Tatbestand der Tierquälerei. Studien aus dem amerikanischen Raum sind hier richtungsweisend. Deutsche Arbeiten zum Themenbereich sind mehr als rar gesät und erschweren präventive Bemühungen.

Es gibt zahlreiche Mörder und (sadistische) Serienmörder, die vor und während ihrer Täterkarriere Tiere quälten, da menschliche Opfer vorläufig nicht oder schwerer verfügbar waren, um biologisches Wissen zu erwerben oder ihre menschlichen Opfer durch das Verüben tierquälerischer Handlungen unter Druck zu setzen. Tierquälerei ist mehr als ein Warnsymptom in der Entwicklung der Gewaltdelinquenz. Da diese HP nicht ausreichen würde, eine vollständige Aufzählung zu liefern, erfolgt hier eine kurze Auswahl :

Ted Bundy – Serienmörder, Vergewaltiger. Erlebte als Kind, wie sein Vater Tiere quälte und verübte später ebenfalls sadistische Handlungen und Tiertötungen

Ronny Rieken – ermordete 2 Kinder (Christiane Nytsch, Ulrike Everts), quälte bereits in seiner Kindheit Tiere

Martin Peyerl – Amokläufer von Bad Reichenhall, erschoss 4 Menschen, 6 weitere wurden z. T. schwer verletzt; er schoss bevorzugt auf unterschiedliche Vögel und tötete seine Katze

Jeffrey Dahmer – Serienmörder, spießte Köpfe von Hunden und Katzen auf Stöcke

David Berkowitz – gab 13 Morde zu, erschoss den Hund eines Nachbarn

Peter Kürten – sadistischer Serienmörder. 9 Morde, 7 Mordversuche. Zeuge sodomistischer tierquälerischer Akte als kleines Kind. Verübte zahlreiche sadistisch-sodomistisch orientierte Taten an unterschiedlichen Tieren. Sadistische Akte an Menschen und Tieren wiesen Parallelen auf

Christine Falling – tötete 5 Menschen und in ihrer Kindheit bevorzugt Katzen

Henri Lee Lucas – tötete ca. 200 Menschen und fiel bereits in seiner Kindheit durch zahlreiche sadistisch-sodomistisch orientierte Tierquälereien und Tötungen auf

Carl Großmann – Serienmörder und Vergewaltiger. Verübte sodomistische Tierquälereien

Robert C. Hansen – Serienmörder und begeisterter Jäger. Jagte tierische und menschliche Opfer. Seine menschlichen Opfer waren primär weibliche Prostituierte, welche er erst vergewaltigte und sie dann wie Tiere aussetzte, um sie wie Wild zu erlegen

Harvey Glatman - Serienmörder und sadistischer Tierquäler

*Dale Hausner und sein Komplize Samuel J. Dieteman –
Serienmörder. Erschossen und quälten neben Menschen
bevorzugt Hunde und Pferde*

*Gerald Gallego (California) – Serienmörder und
sadistischer Tierquäler*

*Mohammed Bijeh – sadistischer Serienmörder (primär
Kinder) und Tierquäler*

*Henri Landru – Serienmörder, Heiratsschwindler. War
bekannt als Tierquäler und Vogelschießer*

*Ludwig Tessnow – Kindermörder. Tötete und verstümmelte
Tiere. Wurde erst gefasst, als er weidende Schafe
aufschnitt*

*Fritz Haarmann – Serienmörder. Sadistische Akte an
Tieren und Tiertötungen zählten neben den Morden zu
seinen Präferenzen*

*Karl Denke – Serienmörder. Der Kannibale Denke führte
ebenfalls sadistische Akte und Tiertötungen durch*

*Johannes Krull – Serienmörder. Quälte und tötete
unterschiedliche Tiere wie Hunde, Katzen und Kaninchen
und gelegentlich Menschen*

*Peter Kürten – Serienmörder. Beteiligte sich in
frühester Kindheit an Hundetötungen und sodomistischen
Taten. Mit ungefähr 13 Jahren sodomistische
Tierquälereien an Schafen, Schweinen und Ziegen. Verübte
den ersten Mord bereits in seinem 9. Lebensjahr.*

*Ivan Robert Marko Milat – Serienmörder. Verwendete nach
der Tötung menschliche Opfer für Zielübungen und
präferierte daneben auch tierische Jagdopfer*

*Edmund Kemper – Serienmörder. Bekannt wurde, dass er
ebenfalls Gefallen daran fand, Tiere (primär Katzen) zu
quälen und zu töten*

*Familie Liehmann – Serienmörder, Diebe Brandstifter,
Tierquäler, Sodomisten. Verübten Mitte des 17.
Jahrhunderts ihre Taten*

Leonard Lake - Serienmörder. Quälte und tötete Ziegen.

Sebastian Karnhas – Serienmörder (52 Opfer), Dieb, Brandstifter und sodomistisch orientierter Tierquäler

Gilles de Rais – sadistischer Serienmörder (tötete ca. 400 Kinder) der ebenfalls sodomistische Taten verübte

Axel F. (Name anonymisiert)– sadistischer Serienmörder, Nekrosadist, sadistischer Sodomist der ebenfalls die Jagd nutzte, um sadistische Handlungen an Wildtieren zu praktizieren (s. Buchankündigung "Brieffreundschaft" mit einem Serienmörder)

Sexueller Missbrauch hat viele Gesichter und scheint ein fixer Bestandteil unserer Welt zu sein. Zahlreiche Täter (Serienvergewaltiger und Serienmörder) sind in ihrer Kindheit sexuell missbraucht worden. Aus Opfern können unter bestimmten Umständen Täter werden. Erlebte Gewalt wird reproduziert, ein sadistischer Verlauf birgt ein besonders hohes Risikopotential. Die sozio - kulturellen Hintergründe und der Umgang mit dieser globalen Problemsituation gestaltet sich in den unterschiedlichen Ländern alles andere als optimal. In Deutschland zieht sich der Staat aus seiner Verantwortung immer weiter zurück. Die Bereiche: Gesundheit, Bildung und Sicherheit werden in die Verantwortung des Einzelnen gegeben. Eine vertikale Gesellschaftsstruktur kristallisiert sich immer weiter heraus und birgt erhöhte Risiken für kriminelle Entwicklungen.

Allen, Howard

Archer-Gilligan, Amy

Archerd, William

Axt Man (New Orleans)

Bai, Baoshan

Ball, Joe

Bartsch, Jürgen (sadistischer Serienmörder)

Becker, Marie

Berkowitz, David Richard

Bianchi, Kenneth

Bilancia, Donato

Bittaker, Lawrence

Bonin, William George

Brudos, Jerome Henry

Bundy, Theodore Robert

Buono, Angelo

Carignan, Harvey Louis

Catoe, Jarvis

Chicago Rippers

Chikatilo, Andrei (Sadist, Kannibale)

Christie, John

Clark, Douglas Daniel

Cole, Carroll Edward

Constanzo, Adolfo de Jesus

Corll, Dean Arnold

Corona, Juan Vallejo

Daglis, Andonis

Dahmer, Jeffrey (Sadist, Tierquäler, Kannibale)

Däter, Olaf

Denke, Karl

DeSalvo, Albert Henry

Doss, Nanny Hazel

Douglas, John Edward

Durrant, William Henry Theodore

Dutroux, Marc

Edwards, Mack Ray

Enriqueta, Marti

Erskine, Kenneth

Ehteridge, Elle

Evanz, Wesley Gareth

Eyler, Larry W.

Falling, Christine (Tierquäler)

Fazekas, Julia

Fischer, Joseph

Fish, Albert

Franklin, Joseph Paul

Gacy, John Wayne

Gallego, Gerald Armand und Charlene

Gamper, Ferdinand

Garavito, Luis Alfredo

Gary, Carlton

Gaskins, Donald Henry

Gecht, Robin

Gein, Edward Theodore

Gohl, Billy

Goode, Arthur Frederick

Gore, David Allen

Graham, Gwendolyn Gail

Greenwood, Vaughn Orrin

Gretzler, Douglas

Grossmann, Carl Friedrich Wilhelm (Sadist, Tierquäler, mutmaßlicher Kannibale)

Gunness, Belle Paulsdatter

Gust, Frank (Sadist, Tierquäler)

Haarmann, Fritz (mutmaßlicher Kannibale)

Haigh, John George

Hance, William Henry

Hansen, Robert

Harvey, Donald

Heidnik, Gary Michael

Heirens, William George

Henley, Elmar Wayne

Hoch, Johann Otto

Honka, Fritz

Ionosyan, Vladimir

Ireland, Colin

Ivan the Ripper

Jack the Ripper

Jesperson, Keith Hunter

Johnson, Milton

Jones, Genene Ann

Joubert, John

Kallinger, Joseph Michael

Kearney, Patrick Wayne

Kemper, Edmund Emil (sog. Studentinnenschlächter)

Kiss, Bela

116

Knowles, Paul John

Kodaira, Yoshio

Kokoraleis, Andrew und Thomas (sog. Chicago Rippers)

Kordiyeh, Gholomreza

Kraft, Randy Steven

Kroll, Joachim (sog. Menschenfresser von Duisburg)

Kürten, Peter (sog. Vampir von Düsseldorf)

Lake, Leonard

Landru, Henri

Lee, Bruce

Lewingdon, Gary James

Locusta

Long, Robert Joe

López, Pedro Alonzo

Lucas, Henri Lee Lüdke, Bruno

http://www.klages-kriminologie.de/serienmoerder-a-z.html

Aufruf 08/2018

IX.

Das Profil des Serienkillers

Die Serie der Serienmörder wird wohl nie abreißen. Immer wieder gibt es Menschen, die mehr oder weniger systematisch reihenweise andere Menschen umbringen und erst damit aufhören, wenn sie gefasst werden. Ist der "Serial Killer" ein bestimmter Menschentyp oder kann er aus allen Bereichen, Schichten und Gebieten kommen? Nicht nur das FBI versucht seit langem ein einheitliches Profil des Serienmörder zu erstellen, auch in Deutschland wird systematisch an einem Profil des Serienmörders schlechthin gearbeitet.

Doch das Profil des amerikanischen Serienmörders unterscheidet sich von dem des deutschen. Das ist sicher nicht nur durch kulturelle Unterschiede zu begründen, sondern auch durch die unterschiedlichen Untersuchungsmethoden.

Definition Serienmörder
Der Serienmord-Experte Stephan Harbort definiert in seinem Buch "Das Hannibal-Syndrom" einen Serienmörder folgendermaßen: "Der voll oder vermindert schuldfähige Täter begeht alleinverantwortlich oder gemeinschaftlich mindestens drei vollendete vorsätzliche Tötungsdelikte, die von einem jeweils neuen, feindseligen Tatentschluss gekennzeichnet sind." Zwischen den Taten findet meist eine Art emotionale Abkühlung statt, die auch durchaus mehrere Jahre andauern kann.

Daher werden viele Serienmorde oft spät als solche erkannt, vor allem wenn die Taten zeitlich sehr weit auseinander liegen können. Auch räumlich können die Tatorte weit auseinander liegen, mit zunehmender Globalisierung und Grenzöffnungen in Europa verstärkt sich dieser Aspekt noch weiter.

118

Resozialisierung kaum möglich

Man ist sich generell auch einig, dass die Resozialisierung eines Serienmörders nicht gelingen kann. Wenn er einmal die Hemmschwelle zum Mord überschritten hat, und damit auch den letzten Schritt zum Ausleben seiner Phantasien gegangen hat, kann er nicht mehr zurück.

Doch da selbst die Realität der Mordtat immer hinter seinen Phantasien zurückbleiben muss, muss er weiter morden oder seine Morde noch detaillierter inszenieren. Dazu kommt die kurzzeitige Befriedigung durch den Lustmord, die oft alleine schon Motivation genug ist.

Massenmörder, Rauschmörder, School-Shooter ...

Serienmörder müssen unterschieden werden von Massenmördern, zu denen auch die Amokläufer und die Rauschmörder gehören. Die Amokläufer bringen mehrere Personen auf einmal an einem Ort um und sterben dabei oft selbst, entweder weil sie sich selbst töten oder weil sie provozieren, von der Polizei erschossen zu werden, wie z.B. bei der neuen Form des so genannten School-Shooter.

Eine weitere Sonderform bilden die seriellen Babymörderinnen sowie die selbst ernannten "Sterbehelfer" in Krankhäusern oder Altersheimen. Dann gibt es noch den Rauschmörder, ein Amokläufer in Serie, auch er wählt seine Opfer meistens wahllos aus, genau wie viele Serienmörder, die ihre Opfer wenn gezielt, dann nach bestimmten Merkmalen aussuchen. Staatlich befehligte oder politisch motivierte Formen der Massen- oder Serientötung sind ebenfalls einer anderen Phänomenologie zuzuordnen. Dazu zählen die Genozide (Völkermorde), die politischen Attentate, Kriege, die Todesstrafe, Auftragsmorde und so fort.

So weit sind sich die Kriminologen einig, doch beim differenzierten Serienmörderprofil unterscheiden sich die Ergebnisse des FBIs von denen, die der deutsche

Profiler Harbort erzielte.

Morde sind meist Beziehungstaten, doch Serienmorde sind eben genau dies meist nicht. Beim klassischen Mordfall kennt der Täter sein Opfer, der Serienmörder sucht seine Opfer tendenziell aber eher nach allgemeinen Merkmalen aus, die seiner Obsession entsprechen. Deshalb ging man erstmals beim <u>FBI</u> dazu über, eine Spezialeinheit zu gründen, die sich ausschließlich mit Serienmördern befasst, allerdings nur mit sexuell motivierten und nicht mit seriellen Raubmördern, deren Motiv hauptsächlich die Habgier ist.

Erste systematische Untersuchung
Die Behavioral Analysis Unit (BAU) wurde ins Leben gerufen, welche sich spezifisch mit der Aufklärung von Mehrfachtötungen befasst. Dazu wurden unter anderem 36 Serienmörder vernommen. Fast die Hälfte der Serientäter wurde demnach in der Kindheit sexuell missbraucht, wodurch ihre Sexualität nachhaltig gestört worden sei. Schon als Kind hatten die meisten von ihnen sadistische Phantasien, die teilweise schon früh ausgelebt wurden. Viele sollen auch pyromanisch veranlagt sein.

So verwundert es auch nicht, dass bei 71 Prozent der vom FBI festgestellten Serienmörder der erste Mord vor dem 30. Lebensjahr begangen wurde, wobei das Geschlecht des Opfers in den meisten Fällen der sexuellen Neigung des Täters entspricht. Dass Serienkiller aber einen extrem hohen Intelligenzquotienten haben und raffinierte, "perfekte" Morde begehen während sie die "dummen" Polizisten vorführen und Spielchen mit diesen spielen, mag im Einzelfall vorkommen, entspricht aber hauptsächlich einem von den Medien geprägten Bild des Serienkillers.

Brutalität wird von Medien nicht übertrieben
Wahr ist aber leider, dass die Morde des gemeinen Serienmörders in den allermeisten Fällen äußerst grausam sind. Die Opfer werden, vor oder nach dem Mord, sexuell

missbraucht, oft tagelang gefoltert und anschließend zerstückelt. Nicht selten kommt es auch zu Kannibalismus. So weit zu den Gemeinsamkeiten aller Serienmörder laut FBI. Die amerikanische Bundesbehörde unterscheidet zusätzlich noch in planvolle und planlose Serienmörder.

Der planlose Serienmörder sei eher weniger intelligent, sei verwahrlost, hätte eine schwere Kindheit gehabt, habe keine regelmäßige Arbeit, verlasse nie seine Umgebung und morde auch dort. Solche Serienkiller werden deshalb gerne als "Schlächter" bezeichnet. Der deutsche Fleischverkäufer und Serienmörder Fritz Haarmann, der das Fleisch seiner Opfer auch verkauft haben soll, kommt dem US-Phänotyp des Schlächters wohl sehr nahe.

Prototyp des "Schlächters"
Auf ihn treffen auch die weiteren Eigenschaften des planlosen Mörders zu: Er hat schlechte oder keine sozialen Beziehungen. Er ist Außenseiter und nicht sehr attraktiv, hat womöglich eine schwere Behinderung oder andere entstellende Merkmale. Zudem verändert er seine Vorgehensweise nach Bedarf und tötet mehr oder weniger spontan aus der Situation heraus.

"Der war doch immer so nett"
Ganz anders der planvolle Serienmörder. Laut FBI hat dieser quasi entgegengesetzte Phänotyp genau die gegenteiligen Eigenschaften. Er plant jeden Mord sorgfältig im Voraus, ist überdurchschnittlich intelligent und nimmt bisweilen sogar Kontakt mit der Polizei auf. Er hatte keine schwierige Kindheit und lebt auch sonst in sozial gefestigten Verhältnissen. Es ist das typische Bild des lieben Nachbarn, der doch immer so nett war, sich aber als skrupelloser Mörder entpuppte.

Stereotypen sind zu einfach
Dieser Prototyp wechsle nach der Tat gerne seinen Wohnort, eine Tatsache, die wohl so manches Mal half, die Spur des Serienmörder aufzunehmen. Nach den

Ergebnissen des FBI gehört zu diesem allgemeinen Täterprofil auch oft die Tatsache, dass er verheiratet ist und ein normales, unauffälliges Familienleben, also letztlich ein Doppelleben führt. Der planlose Serienkiller dagegen kenne nur dieses eine Leben, in dem Alltag und Mord eins sind. Der planvoll Mordende könne aber kranke Obsession und normalen Alltag sauber trennen.

Soweit die Erkenntnisse des FBI, die vielfach als zu einfach und im wahrsten Sinne des Wortes als zu stereotyp kritisiert werden.

Stephan Harbort hat ein wesentlich vielschichtigeres Modell entwickelt, indem er in privater Kleinarbeit alle in Deutschland bekannten Morde seit 1945 untersucht hat, insbesondere die Raub- und Sexualmorde. Durch einen umfassenden Vergleich der Täterprofile hat der Düsseldorfer Kriminalhauptkommissar eine Checkliste erstellt, die 20 spezifische Indikatoren enthält.

Meisten deutschen Serienmörder planlos
Menschen, die 70 Prozent seiner Skala erreichen, kommen laut Harbort als Täter in Betracht. Nicht-Täter kämen dagegen nach Stichproben kaum über 50 Prozent. Dabei fand er heraus, dass zumindest der deutsche Serienmörder meist keinen besonders hohen Intelligenzquotienten hat. Die einzelnen untersuchten Serienmörder sind zu unterschiedlich, um sie in das FBI-Modell pressen zu können. Tendenziell hat Harbort aber festgestellt, dass die meisten deutschen Serienkiller eher dem planlosen Mördertypen zugerechnet werden müssten.

Soziale Problematik gehört dazu
Demnach sucht sich dieser seine Opfer meist in einem Radius von circa 30 Kilometern um seinen Wohnort. Der in Deutschland tätig werdende Serienmörder ist zu dem in den allermeisten Fällen in einem Milieu von Gewalt, Alkoholismus und/oder Drogen aufgewachsen, ist aber

*selbst nur selten süchtig (15 Prozent). Er wohnt eher in
Großstädten und entspricht seinem äußeren
Erscheinungsbild aber mehr dem zurückhaltenden, sozial
angepassten Doppelleben-Mörder, also dem planvollen
Prototyp des FBI.*

Außergewöhnliches Sexualverhalten
*Zu diesem Doppelleben gehört bei 82 Prozent aller
untersuchten Serienlustmörder ein außergewöhnliches
Sexualverhalten, das den Mitmenschen ebenfalls verborgen
bleibt. Verheiratet ist der deutsche Serientäter
allerdings nur zu 30 Prozent. Die meisten sind ledig
oder geschieden und zwischen 16 und 36 Jahren alt.*

*Und während das FBI für die USA feststellte, dass Zwei
Drittel der Täter aus der Mittel- oder Oberschicht
kommen und nur ein Drittel aus der Unterschicht, so ist
es in Deutschland genau umgekehrt. Zu ähnlichen
Ergebnissen wie in Deutschland kam man übrigens auch in
Großbritannien. Der US-Serienmörder scheint sich vom
deutschen bzw. europäischen zu unterscheiden.*

*Recht häufig wurden bei den Serienmördern auch
Gehirnanomalien festgestellt (33 Prozent) und drei
Viertel der Wiederholungstäter sind bereits vor ihrer
ersten Tat durch Sexualstraftaten aufgefallen. Wenn Sie
einmal angefangen haben Menschen zu töten, begehen Sie
im Schnitt alle vier Jahre einen Mord. Manche Mörder
haben berichtet, dass sie relative lange von einem Mord
zehren könnten, mit der Zeit verblasse allerdings die
Erinnerung, dann müsse der "Kick" erneuert werden.*

Mehr Folterwerkzeuge in den USA
*Über 180 Serienmörder haben von 1945 bis 2005 in der
Bundesrepublik ihr Unwesen getrieben, davon konnten acht
immer noch nicht gefasst werden. Dabei verzichteten alle
darauf, ihre Opfer länger als 24 Stunden festzuhalten,
in den USA ist dies aber für 65 Prozent der "Serial
Killers" zutreffend. Zudem verwenden die US-Täter*

doppelt so oft Folterwerkzeuge, verzichten aber fast
ausnahmslos auf postmortale sexuelle Handlungen, die in
Deutschland wiederum sehr häufig vorkommen, jeder zweite
Serienmörder hierzulande neigt dazu.

Intelligenter Täter berechenbarer?

Interessanterweise braucht die (deutsche) _Polizei_
ungefähr doppelt so lange, um einen
unterdurchschnittlich intelligenten Täter zu überführen
wie bei einem durchschnittlich bis sehr intelligenten
Täter. Das hängt möglicherweise mit der Planlosigkeit
des Täters zusammen, die für die Polizisten demzufolge
auch schlechter berechenbar ist.

Die hohe Aufklärungsquote von 95 Prozent soll und muss
trotzdem weiter erhöht werden, insbesondere ist es
wichtig, den in Serie mordenden, oft von Zwängen
besessenen Verbrecher möglichst früh zu erkennen, um
weitere Morde zu verhindern. Das BKA baut deshalb auf
das in Kanada entwickelte Computerprogramm "Viclas"
(Violent Crime Linkage Analysis System) und einen 168
Fragen umfassenden Katalog, der zu jedem Mordfall
beantwortet wird. Das Programm sucht dann nach
Vergleichsmustern, um eventuelle Zusammenhänge mit
anderen Taten möglichst frühzeitig erkennen zu können.

Die Sozialpolitik ist gefragt

Zusätzlich besitzt jedes Landeskriminalamt inzwischen
eine Abteilung "Operative Fallanalyse". Die Profiler
sollen durch Analyse der Spuren am Tatort und an den
Opfern Rückschlüsse auf das Profil des Täters ziehen.
Man kann nur hoffen, dass diese Arbeit in Zukunft immer
erfolgreicher wird. Dennoch können die Polizisten, die
sich nicht nur in Gefahr begeben, sondern oft auch
schlimme Traumata davontragen, nicht die Ursachen der
Taten bekämpfen. Wenn die Polizei kommen muss, ist das
Kind schon in den Brunnen gefallen.

Während das Phänomen Serienmord in den USA in allen

Schichten der Bevölkerung gleichmäßig vertreten ist, scheint es bei uns vor allem ein soziales Problem zu sein. Gerade die immer wieder vorkommenden Fälle von Kinderverwahrlosung bis hin zu schlimmster Misshandlung und Kindesmord, bisweilen auch in Serie, hat gezeigt, wie wichtig es ist, soziale Missstände gar nicht erst aufkommen zu lassen.

Dieser Artikel soll nicht enden ohne ein Gedenken an die weltweit Tausenden von unschuldigen und meist wahllosen Opfern, die einfach nur das Pech hatten, zur falschen Zeit am falschen Ort zu sein. Kein Gerichtsurteil kann wieder gut machen, was diesen Menschen und ihren Angehörigen angetan wurde, auch nicht die Todesstrafe, die nur einen Barbaren barbarisch umbringt.

„Wenn einem das Leben keinen anderen Ausweg als den unmittelbar bevorstehenden eigenen Tod zu bieten scheint,wenn persönliches Handeln es einem nicht mehr gestattet, ein unwiderrufliches Schicksal zu ändern, wenn der Verlust von Hoffnung selbst noch die Möglichkeit tötet, sich eine Hoffnung vorzustellen, dann bleibt nichts anderes, als sich in sich selbst zurückzuziehen, um jenen letzten Funken von Leben, auf den das Dasein sich reduziert,vor der Negation zu bewahren. Ist es mitunter noch zu beängstigend, das Bewußtsein auf das vom Überleben zu reduzieren, so kann selbst dieses abgeschafft werden.Dann wird derjenige, der ein Subjekt gewesen ist, zu einem Ding, unempfindlich für das, was von außen einschlägt und es von innen befällt; und die Grenze zur Psychose wird überschritten".

(Roland Jaccard - Der Wahnsinn)

Ullstein Verlag 1983

Coverbild:

https://de.freeimages.com/photo/closeup-face-devil-eyes-selfportrait1-eye-emotion-killer-man-nose-1440510

Aufruf 2017